ALTDEUTSCHE TEXTBIBLIOTHEK

Begründet von Hermann Paul
Fortgeführt von G. Baesecke
Herausgegeben von Hugo Kuhn
Nr. 77

Wernher von Elmendorf

Unter Mitarbeit von
Udo Gerdes, Joachim Heinzle
und Gerhard Spellerberg

Herausgegeben
von
Joachim Bumke

MAX NIEMEYER VERLAG TÜBINGEN
1974

Geb. Ausgabe   ISBN 3-484-20074-X
Kart. Ausgabe   ISBN 3-484-20075-8

© Max Niemeyer Verlag Tübingen 1974
Alle Rechte vorbehalten. Printed in Germany
Satz: Rothfuchs Dettenhausen
Einband von Heinr. Koch Tübingen

INHALTSVERZEICHNIS

EINLEITUNG

1. Forschungsbericht

1829 machte E.G. Graff auf „ein moralisches Gedicht von
Wernher von Elmindorf" in einer Klosterneuburger Hand-
schrift aufmerksam und druckte die ersten zwanzig Verse
ab (Diutiska 3. S. 268–269). Elf Jahre später veröffentlichte
Hoffmann von Fallersleben zwei ältere Fragmente derselben
Dichtung (Altdt. Blätter 2. 1840. S. 207–210), und 1844
erschien dann, ebenfalls von Hoffmann betreut, der ganze
Text nach der Klosterneuburger Hs. (ZfdA 4. 1844. S.
284–317). Moriz Haupt steuerte eine Liste von Korrektu-
ren und Konjekturen bei. Die beiden von Hoffmann besorg-
ten Hss.abdrucke sind bis heute die Grundlage der For-
schung geblieben[1].

Über Wernher von Elmendorf wissen wir gerade so viel,
wie er selber im Prolog uns sagt:

> *Daz dichtet der phaphe Wernere,*
> *von Elmindorf der capelan,*
> *vnd hatez durch daz getan,*
> *wandez ane gebot vnde bat*
> *der probist von Heligenstat,*

---

1 Die von Edward Schröder 1917 als „nahezu druckfertig" angekün-
digte Elmendorf-Ausgabe (Nachr. von der Kgl. Ges. d. Wiss. zu
Göttingen. Phil.-hist. Kl. 1917. S. 163, Anm. 2) ist nicht erschienen.

von Elmindorf her Diterich.
da zcu demuteget her sich
vnd liz mich in sinen buchen
di selbe re[d]e suchen (v. 8—16).

Auf Grund dieser Angaben hat H. V. Sauerland über Elmen-
dorfs „Lebensumstände" gehandelt (ZfdA 30. 1886. S. 1—58).
Der Dichter war ein Geistlicher, das ist sicher. Und sicher
ist auch, daß sein Auftraggeber, Dietrich von Elmendorf,
Propst in Heiligenstadt war. Alles weitere ist Vermutung
und Hypothese. Sauerland identifizierte *Elmindorf* mit dem
oldenburgischen Elmedorpe und sah in Propst Dietrich ein
Mitglied einer dort ansässigen Ministerialenfamilie, in deren
Dienst der Pfaffe Wernher gestanden habe. Das Dorf Elmen-
dorf war demnach „seine Heimat" und „die Stätte seiner amt-
lichen Tätigkeit" (S. 5), bis er, zusammen mit seinem Herrn,
nach Thüringen übersiedelte. So wurde Wernher von Elmen-
dorf zu einem Niederdeutschen, einem Oldenburger; diese
Lokalisierung hat sich durchgesetzt und ist längst in die
Handbücher eingegangen. Sie wurde noch jüngst von Martin
Last mit neuen Argumenten gestützt (ZfdPh. 89. 1970. S.
404—418). Last kann einen *Theodericus de Elmendorp* für
das Jahr 1168 in der Zeugenreihe einer von Erzbischof
Wichmann von Magdeburg ausgestellten Urkunde nachweisen;
ob dieser allerdings mit dem im Prolog genannten Heiligen-
städter Propst Dietrich identisch ist, wird sich schwerlich
entscheiden lassen; und gänzlich in den Bereich des Unbe-
weisbaren gehört die Annahme, Dietrich und Wernher von
Elmendorf seien Brüder gewesen und Angehörige des be-
deutenden Grafenhauses von Ampfurth. Wertvoll ist in-
dessen der Hinweis von Last, daß es in Elmedorpe keine
Ministerialenfamilie gegeben hat; die spärlichen Nachrich-
ten in der Chronik des benachbarten Klosters Rastede deu-
ten darauf, daß Elmedorpe im 12. Jh. Mitgliedern oder Ver-
wandten der gräflichen Familie von Oldenburg als Wohn-
sitz diente.

Nur Edward Schröder hat Zweifel an der oldenburgischen Heimatthese geäußert und wollte den Dichter in Thüringen lokalisieren. Der Name *Heligenstat* kann sich nur auf Heiligenstadt im thüringischen Eichsfeld beziehen, das zum Erzbistum Mainz gehörte. Schröder hat den Propst Dietrich für das Jahr 1171 urkundlich nachgewiesen: der *prepositus in Helegenstat Theodoricus* erscheint als Zeuge in einer von Erzbischof Christian von Mainz in Fritzlar ausgestellten Urkunde (AfdA 17. 1891. S. 78f.). Vor Dietrich ist zuletzt 1163 ein Propst von Heiligenstadt bezeugt[2], danach erst wieder 1202. Das sind die Anhaltspunkte für die Datierung von Elmendorfs Tugendlehre. Schröder hat die sechziger Jahre „den wahrscheinlichsten Zeitabschnitt" für die Entstehung genannt (AfdA 54. 1935. S. 208), hauptsächlich wohl mit Rücksicht auf die wenig entwickelte Verstechnik. Im Hinblick auf Propst Dietrich bietet die Datierung um 1170 die meiste Gewähr.

Die Frage, ob der in der Nordwestecke Thüringens, dicht an der niederdeutschen Sprachgrenze arbeitende Dichter niederdeutscher Herkunft war, ist vor allem im Hinblick auf seine Sprache interessant. Anton E. Schönbach sprach 1890, unter dem Eindruck von Sauerlands These, „den Wunsch" aus, Elmendorfs Lehrgedicht „möchte nun endlich einmal von der hd. Tünche befreit und in seiner ursprünglichen mittelniederdeutschen Gestalt den Fachgenossen vorgelegt werden" (ZfdA 34. 1890. S. 75). Dagegen hat Edward Schröder ein Jahr später die These gestellt, daß Elmendorfs Sprache „nicht über den Heiligenstadt zukommenden nordthüringischen Dialekt hinaus aufs Niederdeutsche" weise (AfdA 17. S. 79). Eine genaue Untersuchung der sprachlichen Befunde unterblieb jedoch. Zwar ist der Gedanke an ein niederdeutsches Original nicht wieder aufgegriffen worden, aber auch

---

2 Nach B. Opfermann (Die Klöster des Eichsfeldes in ihrer Geschichte. – Leipzig, Heiligenstadt 1961. S. 23) war ein Gottfried bis 1171 Dietrichs Vorgänger in Heiligenstadt. Das ist falsch.

Schröders Ansicht konnte sich nicht durchsetzen. Behaghel fand bei Elmendorf neben „sicher hochdeutschen" Reimen „sicher niederdeutsche" (Schriftsprache u. Mundart. 1896. S. 26, Anm. 22), und Roethe bestätigte, daß Elmendorf zwar hochdeutsch geschrieben habe, daß sich aber einiges finde, was „frappant ins tiefe Niederdeutschland" führe (Die Reimvorreden des Sachsenspiegels. 1899. S. 37). Dieser Widerspruch ließ sich am einfachsten mit Hilfe von Sauerlands Heimatthese erklären: als ein „in Thüringen reimender Niederdeutscher" (Roethe S. 29) konnte Elmendorf zu der Gruppe norddeutscher Dichter gerechnet werden, die sich der hochdeutschen Literatursprache bedienten. Ausführlicher hat sich erst Leitzmann in einer seiner letzten Arbeiten mit Elmendorfs Sprache beschäftigt (ZfdA 82. 1948/50. S. 64–72). Er hat die Heimatfrage offengelassen (auf Grund eines offensichtlich mißverstandenen Hinweises von H. Graef hielt Leitzmann es für möglich, daß Elmendorf ein Hesse war) und hat hauptsächlich eine Beschreibung der Reimsprache und des Wortschatzes gegeben. Sein Ergebnis war: Elmendorfs Sprache ist „gewollt mitteldeutsch und speist sich aus thüringischen und rheinischen Einflüssen, neben die dann auch einige niederdeutsche Elemente treten" (S. 72). Diese Formulierung scheint den älteren Vorstellungen über Elmendorfs Sprache nicht zu widersprechen; und so überrascht es nicht, daß Elmendorf auch in den neueren Literaturgeschichten als Oldenburger geführt wird, der eine „niederdeutsch eingefärbte thüringische Sprache" geschrieben hat (H. de Boor: Gesch. der dt. Lit. Bd. 2. 1953. S. 393).

Solange man davon ausgehen konnte, daß Elmendorf seine Tugendlehre „aus einer Anzahl klassischer Schriftsteller gezogen hat" (W. Scherer: Gesch. der dt. Dtg. im 11. u. 12. Jh. 1875. S. 124), durfte der Dichter eine besondere Bedeutung für die Geschichte der Rezeption der Antike und der Ausbildung einer Laienethik im Mittelalter beanspruchen. Elmendorfs eigene Aussage, daß er die Vorlage für seine *rede* in der Bibliothek seines Auftraggebers gefunden habe, wurde dabei nicht beachtet. Als jedoch Schönbach 1890 nachwies, daß ihm ein lateinischer Moraltraktat als Vorlage gedient hatte, war Elmendorfs „eigenartige stellung" in der älteren Literaturgeschichte „unwiederbringlich dahin" (ZfdA 34. S. 75). Er mußte sich in der Folgezeit, soweit man ihm überhaupt noch Beachtung schenkte, recht herbe Charakterisierungen gefallen lassen, etwa durch Ehrismann, der über Elmendorfs Übersetzungsleistung schrieb: „Die widergabe ist nicht sonderlich geschickt, oft sind unnötige umstellungen gemacht, vieles ist ausgelassen, zwischen wichtigem und unwichtigem ist nicht recht unterschieden, vor allem aber ist der knappe und klare ton der lateinischen vorlage nicht getroffen" (ZfdA 56. 1919. S. 145). Auch das Interesse an Elmendorfs lat. Vorlage, das Ehrismann mit seinen Forschungen über das ritterliche Tugendsystem geweckt hatte, ist dem deutschen Bearbeiter nur in ganz geringem Umfang zu Gute gekommen. Wenn Ernst Robert Curtius 1943 in seiner Kritik an Ehrismann den „fürchterlichen Verdacht" aussprach, daß die Welt nie etwas vom ritterlichen Tugendsystem gehört hätte, „wenn nicht zufällig der Kaplan Wernher ein humanistisches Florileg bearbeitet hätte" (DVjs. 21. 1943. S. 359), so hat er die Rolle, die Elmendorf in der germanistischen Forschung spielte, weit überschätzt. Auch in der anschließenden Diskussion über das Tugendsystem[3] ist der Name Wernher von Elmendorf nur noch im Vorübergehen genannt worden.

Elmendorfs Lehrgedicht war offenbar bereits in seiner eigenen Zeit kein großer literarischer Erfolg; jedenfalls ist die Kenntnis des Textes bei keinem späteren Dichter nachzuweisen. Roethes Vermutung, Eike von Repgow habe in

---

3   Vgl. den Band Ritterliches Tugendsystem. Hrsg. von G. Eifler. – Darmstadt 1970. (= Wege der Forschung. 56).

seiner Sachsenspiegel-Vorrede Anleihen bei Elmendorf ge-
macht (S. 29f.), hält der kritischen Nachprüfung ebenso-
wenig stand wie die Annahme von Edward Schröder, daß
der Verfasser der Reimvorrede zum dt. Lucidarius (Rezen-
sion A) Elmendorf gekannt habe (Nachr. von der Kgl. Ges.
der Wiss. zu Göttingen 1917. S. 163): in beiden Fällen ge-
hen die wörtlichen Anklänge nicht über das hinaus, was
der Zufall bewirkt haben kann. Interessanter ist de Boors
Hinweis (S. 38), die Ausführungen über gute und böse Rat-
geber im Graf Rudolf könnten von Elmendorf angeregt
sein; allerdings fehlt auch hier die textliche Evidenz. So
bleibt Elmendorf vorerst eine isolierte Erscheinung. Seine
Dichtung verdient jedoch, sowohl in sprachlicher wie in
literarischer Beziehung, mehr Interesse als ihr bisher zuteil
geworden ist.

2. Die Handschriften

A: Klosterneuburg, MS. 1056

Eine Pergamenths. der Stiftsbibliothek Klosterneuburg,
Signatur: 1056. Der Einband ist modern: Halbband mit
Lederrücken und Lederecken, Tapetenpapier auf Pappe.
Auf dem Vorsatzblatt steht: „Nr. 1056 (99 Fol.). Can.
reg.". Darunter in neuerer Schrift: „Contenta: 1. Varii
tractatus morales. 2. Werneri Capellani in Elmendorf poe-
ma morale germ. 3. Burchardi ord. praed. Descriptio
terrae s.". Auf f. 97^v ist auf dem unteren Rand von einer
Hand des 15. Jhs. geschrieben:. . . *ewb^{s}ga claustrali.* Nach
Ausweis des handschriftlichen Bibliothekskatalogs (der
gedruckte Katalog der Klosterneuburger Hss. reicht erst
bis Nr. 452), aus dem mir der stiftl. Archivar und Biblio-
thekar, Herr Dr. Berthold Cernik, im Jahre 1950 liebens-
würdigerweise einen Auszug mitgeteilt hat, stand an die-

ser Stelle: *Liber s. Marie virginis in Newburga claustrali.*
Daraus ergibt sich erstens, daß dieser Teil der Sammelhs.,
zu dem auch Elmendorfs Lehrgedicht gehört, sich bereits
im 15. Jh. in Klosterneuburg befand, und zweitens, daß
die starke Beschneidung des unteren Randes offenbar erst
in jüngster Zeit vorgenommen worden ist.

Der Codex umfaßt 98 Blätter, die rechts oben mit
Bleistift 1—98 gezählt sind. Es handelt sich um einen
Sammelband, der aus zwei Teilen besteht, die erst nach-
träglich zusammengefügt worden sind. Der erste Teil
(f. 1—64), der mit lat. Prosatraktaten gefüllt ist (die
Druckvorlage des Hss.katalogs verzeichnet pauschal:
„varii tractatus morales"), unterscheidet sich im Perga-
ment und in der Beschriftung deutlich vom zweiten Teil
(f. 65—98), der längere Zeit selbständig überliefert wor-
den sein muß: die Vorderseite von f. 65 ist gebräunt, die
Rückseite von f. 98 ist so stark abgenutzt, daß die Schrift
praktisch unleserlich ist. Dieser Teil der Hs. besteht aus
34 Bll., die rechts oben 1—34 gezählt sind: auf zwei La-
gen zu je vier Doppelbll. folgt eine Lage zu 6 Doppelbll.
und zuletzt eine Lage zu 5 Doppelbll., von der nur die
ersten 6 Einzelbll. erhalten sind. Auf Bl. 1—10 (f. 65—
74) steht Elmendorfs Tugendlehre, darauf folgt auf Bl.
11—34 (f. 75—98), offenbar von demselben Schreiber,
eine deutsche Übersetzung der Descriptio terrae sanctae
von Burchart de Monte Syon.

Die Blätter, auf denen Elmendorfs Dichtung steht,
sind 19,5 mal 17 cm groß, der Schriftspiegel beträgt 17
mal 15 cm, die Buchstabenhöhe 3—5 mm, der Zeilenab-
stand knapp 5 mm. Die Blätter sind unten stark beschnit-
ten, jedoch ohne Textverlust; durch Beschneidung der
Außenränder sind einige Buchstaben verloren gegangen.
Sonst ist der Erhaltungszustand der Hs. gut.

Die Blätter sind zweispaltig beschrieben; die Linierung
ist noch fast überall gut erkennbar. In der Regel stehen in

jeder Spalte 32 Zeilen, gelegentlich 33, selten 34. Die Verse sind abgesetzt; am hinteren Zeilenrand sind häufig Wörter, die nicht mehr auf die Zeile paßten, über- oder untergeschrieben; ihre Zugehörigkeit ist meistens durch einen Haken markiert. Manchmal füllt ein Vers zwei Zeilen, selten steht umgekehrt mehr als ein Vers auf einer Zeile. Einige Stellen, wo der Schreiber das Reimwort nicht erkannt hat (860. 1058), deuten darauf, daß der Schreiber eine Vorlage kopierte, in der die Verse noch nicht abgesetzt waren.

Der Text ist von einer Hand geschrieben. Die Hs. überliefert 1203 Verse von Elmendorf; auf f. 74va bricht die Beschriftung in der Mitte der Spalte mitten im Satz ohne ersichtlichen Grund ab. Der Rest der Seite ist freigelassen. Wie die Reime zeigen, ist an 6 Stellen mindestens ein Vers ausgefallen. Zwei der in *A* fehlenden Verse (374. 378) sind in *B* überliefert. Der Text beginnt ohne Überschrift mit einer schmucklosen roten Initiale von doppelter Zeilenhöhe; es gibt noch 40 weitere Initialen derselben Art, oder genauer 38: zweimal (325. 1201) hat der Initialenmaler den kleinen vorgezeichneten Buchstaben übersehen. Außerdem hat der Rubrikator einen roten Strich senkrecht durch die Zeilenanfänge gezogen. Dieser Strich fehlt nur von der letzten Initiale (1191) an bis zum Schluß.

Am Zeilenanfang wechselt Groß- und Kleinschreibung ohne Regel. Sonst begegnen Majuskeln selten, auch die Eigennamen sind im Zeileninnern kleingeschrieben. Gelegentlich hat der Schreiber ein ausgelassenes Wort am Rand nachgetragen oder übergeschrieben. Auch einzelne Buchstaben (bes. *t* und *te*) sind manchmal am Wortende übergeschrieben; darin ist nicht das Werk eines Korrektors zu sehen.

An Abkürzungen begegnet sehr häufig *vn̄* für *und/unde* und der Nasalstrich für *n* oder *m*. An einigen Stellen steht der Nasalstrich fast senkrecht vor dem auslautenden Vokal,

XIV

und zwar fast nur in Wörtern, die auf -*den* enden[4]: *beiden*
(95), *bescheiden* (251), *den* (266), *schaden* (508), *zan-*
den (719), *schaden* (772), *behalden* (788); nur einmal in
crichin (165). Außerdem kommt nicht selten das hoch-
gestellte *s* für *er* vor, gelegentlich für *r* (*e^{s}meliche* 289,
a^{s}min 290, *e^{s}were̅* 1194), einmal anscheinend auch für
ri (*t^{s}tit* 825); sonst ist nur ein *w* für *ra* zu verzeichnen
(*t^{w}gen* 128). Weitere Abkürzungen begegnen in lat. Wör-
tern[5]: *t^{o}iani* = *troiani* (715), *medo⁊* = *medorum* (150)
und verschiedene Kürzungen für *natura/nature*: *na̅* (251),
natu$\overset{w}{a}$ (634), *nat$\overset{w}{e}$* (894). Diakritische Zeichen kommen
in *A* nicht vor.

Die Schrift ist sauber und gut lesbar. Es handelt sich
um eine gotische Buchschrift: Die Schäfte sind gebro-
chen. Das *a* ist durchweg zweistöckig. Das kleine *t* ist
kaum vom *c* zu unterscheiden. Das runde *d* herrscht und
ist oft mit folgendem, rundem Buchstaben verbunden.
Selten kommt langes *s* am Wortende vor. Das runde *r*
ist häufig. Die Hs. wird (im Klosterneuburger Hss.kata-
log) ins 14. Jh. datiert. Der zweite Teil der Hs. dürfte
auf Grund des paläographischen Befundes eher aus der er-
sten als aus der zweiten Hälfte dieses Jhs. stammen.

Die Sprache des Schreibers ist ein gemäßigtes Md., das
sich an südlichen Schreibtraditionen orientiert, ohne aber
spezifisch oberdt. Züge aufzunehmen; verschobenes *b* im
Anlaut (*enperin* 298, *pin* 883) begegnet ganz selten. Der
md. Charakter zeigt sich etwa in dem häufigen *her* neben
er oder in dem überwiegenden *sal(t)* gegenüber *sol(t)*. Die
nordmd. Eigenheiten der Reimsprache sind jedoch gemie-
den: *A* schreibt inlautend -*ft*-, auch im Reim auf -*ht*-; post-
vokalisches *b* ist überall erhalten (bis auf ein *vuele* im Reim

4 A. Capelli (Lexicon abbreviaturarum. 6. Aufl. 1961. S. 172b)
   belegt diesen senkrechten Nasalstrich zwischen *d* und *e* aus
   dem 14. Jh.: *id'e* = *idem*.
5 Vgl. Capelli S. XXIV. XXVIII.

auf *freuele* 732), während die Reime den Übergang zu *f*
bzw. *u* bezeugen; auslautendes *g* ist auch im Reim auf *ch*
meistens *g, c* oder *k* geschrieben, abgesehen von *mach* (53.
858), *selich* (558), *mach* = *mâc* (646). Das Prät. von *setzen*
und *letzen* ist stets mit Affrikata geschrieben (256. 865.
918. 1165), obwohl Elmendorf *sette* und *gelat* gereimt hat;
gewone schreibt *A* stets mit *o*, auch wo es auf *a* reimt; der
Infinitiv endet auf *n*, auch wo er mit *n*-losen Formen ge-
bunden ist. Manchmal sind im Reim Dialektformen stehen-
geblieben, die der Schreiber im Innern nicht oder kaum be-
nutzt. So sind in *A* erstaunlicherweise die mfrk. Formen
teit (435), *steit* (538. 588. 770. 805. 837. 1122) und *feit*
(1115) im Reim erhalten, und im Reim auf germ. *þ* begeg-
nen auch gelegentlich unverschobene *d*: *gestadete* (191),
vormiden P.P. (750), selten im Versinnern: *vederen* (907);
bosheyden (41) ist eher ein Schreibfehler. Anlautend un-
verschobenes *d* gibt es nur in *dustu* (372) und *dumheit*
(125) neben sonst üblichem *tun, tump.* Unverschobenes *t*
steht einmal in *kurtliche* (577); unverschobenes *p* in *campslac*
(502), einmal im Anlaut: *pundis* (385) und zweimal in der Ge-
mination: *scheppere* (588), *cleppere* (875). Vieles deutet dar-
auf, daß die Vorlage von *A* stärker nordmd. gefärbt war.

B: Berlin, Ms. germ. oct. 226

Zwei Pergamentdoppelbll. der vormals Preuß. Staats-
bibliothek in Berlin, jetzt Staatsbibliothek Preuß. Kultur-
besitz, Berlin-West. Signatur: Ms. germ. oct. 226[6]. Der frü-
here Eigentümer war Hoffmann von Fallersleben. Über die
Herkunft der Blätter ist nichts bekannt. Die Hs., zu der sie
gehörten, muß bereits im Spätmittelalter aufgelöst worden
sein, wie die Querbeschriftung durch eine Kursive des 15./

---

6 Vgl. H. Degering: Kurzes Verzeichnis der german. Hss. Bd. 1 –
   Leipzig 1925. (= Mitt. der Preuß. Staatsbibl. 7,1.) S. 77.

16. Jhs. zeigt. Die Bll. sind jetzt in blaugraue Pappe geheftet. Auf dem Vorsatzblatt steht, vermutlich von Hoffmann: „XX,3. 4 Pergamentblätter 8°. XIII. Jahrh. Werner's von Elmendorf Lehrgedicht“.

Das Pergament ist z.T. erheblich beschädigt: die Ränder des ersten Doppelblatts sind durchlöchert, zeigen Knickspuren und Einschnitte; das zweite Doppelbl. ist z.T. stark braun gefärbt, ist im ganzen aber besser erhalten. Auf dem ersten Doppelbl. ist die Schrift z.T. verblaßt; auf der Vorderseite sind zwei Zeilen fast vollständig verschwunden, wohl infolge chemischer Behandlung.

Die Bll. sind rechts oben mit Bleistift 1-4 durchgezählt; sie haben das Format 15,5 mal 10,2 cm, der Schriftspiegel des ersten Doppelblatts beträgt 11,5 mal 6,5 cm, der des zweiten 11 mal 7 cm, die durchschnittliche Buchstabenhöhe 3 mm, der durchschnittliche Zeilenabstand 6,5 mm. Die Seiten sind einspaltig beschrieben, die Verse nicht abgesetzt; in der Regel ist das Versende durch einen Punkt bezeichnet.

Daß die beiden Doppelbll. Teile ein und derselben Hs. sind, ergibt sich aus der vollkommenen Übereinstimmung in Einrichtung und Beschriftung. Auf jeder Seite des ersten Doppelblatts stehen 18 Zeilen, auf jeder Seite des zweiten 17; zusammen überliefert B 130 Verse vollständig und die Reste von 4 weiteren (v. 87—155 und 356—420). Auf dem ersten Doppelblatt stehen im Durchschnitt 17 Verse auf jeder Seite, auf dem zweiten Doppelbl. knapp 16. Daraus läßt sich der Umfang der Hs. in etwa berechnen, wenn man den Textbestand von A zu Grunde legt. Vor dem ersten Doppelbl. fehlen 86 Verse, d.h. 5 Seiten mit etwas mehr als 17 Versen pro Seite; zwischen den beiden Doppelbll. fehlen 202 Verse, das sind 12 Seiten mit etwas weniger als 17 Versen pro Seite. A überliefert danach noch 789 Verse; sie würden 47 Seiten mit 16,7 Versen pro Seite füllen. Rechnet man einen ziemlich kurzen Schluß hinzu, so hat der Text in *B* ca. 75 Seiten gefüllt. Die erhaltenen Doppelbll. waren vermutlich die Innenblätter der ersten beiden Lagen.

Der Text ist in Kapitel eingeteilt. Die Kapitelanfänge sind fortlaufend numeriert (Kap. VI-VIII auf dem ersten, XXIII-XXVII auf dem zweiten Doppelbl.) und durch rote, ziemlich kunstlose Initialen in zwei- bis dreifacher Buchstabenhöhe ausgezeichnet; auf dem ersten Doppelbl. steht vor der Ziffer: *C.* bzw. *Capit̄.* Die Initialen stehen z.T. in der fortlaufenden Zeile, doch hat der Schreiber sich bemüht, sie an den Anfang der Zeile zu setzen und etwas herauszurücken; deswegen wird die Kapitelziffer entweder gedehnt oder am Ende der Zeile nachgetragen. Sonst kommen Initialen nicht vor. Die Versanfänge sind gelegentlich groß geschrieben, und damit scheint der Beginn kleinerer Abschnitte bezeichnet zu sein.

Abkürzungen sind selten: außer *v̄n̄* nur einmal ꝛ für *-rum* in lat. *Medorum* (150) und einmal Nasalstrich für *m.*

Auf den Rändern sind mehrere Eintragungen gemacht. Auf dem ersten Doppelbl. stehen lat. Quellenzitate, die sich auf den dt. Text beziehen; die Beziehung ist durch feine rote Striche in den Anfangsbuchstaben der entsprechenden Verse kenntlich gemacht. Die Schrift ist kleiner und zierlicher, unterscheidet sich paläographisch jedoch kaum vom Haupttext. Ferner gibt es auf beiden Doppelbll. eine kaum leserliche Randbeschriftung durch eine jüngere Kursive.

Der Haupttext ist von einer Hand sehr sauber und ohne Korrekturen geschrieben. Paläographische Kennzeichen: die doppelte Brechung fehlt; die Schäfte sind oben z.T. verdickt und zeigen bereits Ansätze zur Spaltung. Die *i*-Striche fehlen. Trennungsstriche am Zeilenende stehen fast regelmäßig. Im An- und Inlaut herrscht das lange *s*, nur einmal steht rundes *s*; am Wortende überwiegt langes *s* gegenüber rundem im Verhältnis 3:1. Neben dem runden *d* ist das mit langem Schaft noch gut vertreten (Verhältnis 5:1). Die Rundung des *k* ist oben geschlossen; der Bogen-

XVIII

strich des *h* ist meist nach unten etwas verlängert. Das *w* ist vorhanden. Bogenverbindungen von runden Buchstaben fehlen ganz. Die Ansatz- und Schlußstriche der Schäfte sind ziemlich regelmäßig. An diakritischen Zeichen begegnet *ů* bzw. *v̊* für *u* (*frůme* etc.), für *uo* (*berůphit, zv̊*), für *üe* (*průuin, gemv̊de*), für *iu* (*getrůwe*) und für verdumpftes *i* (*ůren*); außerdem steht *v̊* für *u* (*kv̊nde*) und für *uo* (*gv̊tis*).

Hoffmann datierte die Fragmente ins 13. Jh. Der paläographische Befund spricht eher für das ausgehende 12. Jh.

Die Sprache ist nordmd. und unterscheidet sich offenbar kaum von der des Dichters. Intervokalisches *d* erscheint sechsmal unverschoben, fünfmal als *t*. Intervokal. *b* ist 7 mal *u* geschrieben, 15 mal *b*; nach *l* steht immer *u*. Anlautendes *p* bleibt unverschoben. Nach Vokal auslautendes *g* wird überall *ch* geschrieben. Das Pron. *jener* lautet mit *g* an; einmal ist (nicht ganz deutlich) *he* für *er* geschrieben. Der Sg. von *suln* erscheint immer mit *a*. Speziell an den Rhein weisen die 2. Pl. Ind. auf *-nt* (149) und die Form *durchtige* für *durftige* (385. 400). Doch meidet der Schreiber sowohl ausgesprochen mfrk. Eigenheiten (er schreibt stets *daz* und *ez*) als auch typisch Thüringisches (der Inf. endet stets auf *-n*).

Vergleich der Handschriften

Der überlegene Wert der alten Berliner Fragmente wurde zum ersten Mal demonstriert, als Haupt den Abdruck der Klosterneuburger Handschrift kommentierte: in den von beiden Hss. bezeugten Textpartien konnte er überall *A* nach *B* korrigieren. *B* bietet einen so gut wie fehlerfreien Text, in dem höchstens einmal ein Buchstabe verschrieben ist (v. 137. 398). Es gibt Gründe für die Vermutung, daß *B* unter Aufsicht des Dichters entstanden ist oder auf einer Vorlage beruht, die aus der Umgebung des Dichters stammt (vgl. Festg. f. U. Pretzel. 1963. S. 33 ff.).

Die Klosterneuburger Hs. dagegen ist mit solcher Flüchtigkeit abgeschrieben, daß an vielen Stellen der Sinn des Textes nicht mehr zu erkennen ist. Der Schreiber hat offenbar nur an die kalligraphische Leistung gedacht und hat sich nicht gescheut, Wortungeheuer wie *wuers* (161), *genofe* (244), *dinter* (313), *v̄mederne* (472), *fliese* (628), *dietin* (702), *kunete* (780), *vnschusher* (859), *undiege* (914), *utewaz* (1091), *der nimme* (1186) – das ist nur eine kleine Auswahl – mit feinem Federstrich aufzuschreiben.

Da man für neun Zehntel des Textes allein auf *A* angewiesen ist, ist es nützlich, sich durch einen Vergleich mit *B* zu vergewissern, mit welchen Fehlern man in *A* hauptsächlich zu rechnen hat. Die wichtigsten Typen sind: Verschreibungen, Auslassungen, Zusätze, Textvarianten.

Verschreibungen, die sich aus der Flüchtigkeit beim Kopieren der Vorlage erklären, sind am häufigsten. Dabei sind vielfach Wörter entstanden, die im Zusammenhang des Textes sinnlos sind; so steht in *A* *dar* statt *daz* (90), *her* statt *iz* (100), *man* statt *dan* (103), *sich* statt *ich* (129), *inne* statt *niene* (143. 373), *daz* statt *des* (418), *welche dir* statt *wedir* (416); auch *deme* statt *cleine* (391) ist eine graphische Entstellung, die darauf deutet, daß die Vorlage von *A* das *d* noch mit geradem Schaft schrieb. Diese Beispiele zeigen, daß der *A*-Schreiber den Pronomen besonders übel mitgespielt hat. Als Verschreibungen können ferner *di* statt *dine* (136), *hates* statt *hast* (361), *swo* statt *so* (376), *westu* statt *destu* (380) gelten, und weiter auch *gebruchit* statt *gerochit* (126) – Lexer (I, 762) bucht die Stelle unter *gebrûchen*, obwohl „gebrauchen, benützen" hier keinen Sinn ergibt –, *dringin* statt *drangint* (131), *gufte* statt *gifte* (357), *habe* statt *gabe* (420). Grundsätzlich ist nicht auszuschließen, daß in

XX

dem einen oder anderen Fall auch einmal *A* den besseren Text bieten könnte, aber wo sich die Möglichkeit der Nachprüfung bietet, erweist sich *B* stets als besser.

Auslassungen in *A* sind fast durchweg ebenfalls als Flüchtigkeitsfehler zu erklären. So hat der Schreiber das Pron. *er* übersehen (392), zweimal den unbestimmten Artikel (149. 404), die Präp. *durch* (87), die Adverbien *also* (113) und *danne* (360), dreimal das Präfix *ge-* (116. 364. 412), mehrmals die Negationspartikel. Diese Störungen wären zum Teil nicht bemerkbar, wenn *B* nicht vorhanden wäre. Das gilt auch für einige der bedeutenderen Textausfälle in *A:* Die Hälfte der Komposition fehlt in *volke* statt *uolcwich* (154), nach dem Artikel *dem* fehlt das Subst. *uirretnisse* (119), und weiter fehlt einmal *uon deme kuninge* (151), einmal *ein mennische* (407). Es überrascht nicht, daß der *A*-Schreiber auch ganze Verse ausgelassen hat: in der von *B* bezeugten Partie ist das zweimal der Fall (374. 378).

Zusätze in *A* spielen demgegenüber eine viel geringere Rolle. Es handelt sich entweder um Schreibfehler in *A* – *anderin* (360) ist aus dem folgenden Vers vorgezogen – oder um die Einfügung von Füllwörtern wie *alle* (152) und *vil* (358) bzw. um die Ergänzung von entbehrlichen Pronomen: *dich* (125), *in* (387). Einmal hat *A* das Präfix *ge-* ergänzt (88).

Textvarianten, die diesen Namen verdienen, gibt es kaum. Unterschiede in der Flexion erklären sich z.T. aus dem zeitlichen Abstand des *A*-Schreibers – so hat er *urunt* nicht mehr als Pl. erkannt; er schreibt *den frunt* (376) und setzt im folgenden Vers das Pron. in den Sg. – oder aus einem abweichenden Gebrauch der Adj.-Flexion (388. 397. 411), sofern es sich nicht wieder um Flüchtigkeitsfehler handelt (408). Die Ersetzung von *daz quit* (*B*) durch *daz spricht* (151) deutet darauf, daß der Schreiber das alte Verbum *queden* nicht mehr kannte (vgl. dazu unten S. 73,

Anm. zu v. 916). Im Exempel von König Antigonis bietet
A direkte Rede statt der indirekten (386. 394. 396); die
Syntax des Kontextes zeigt, daß es sich um eine nachträg-
liche Änderung handelt, die aber vielleicht nicht auf das
Konto des flüchtigen Schreibers zu setzen ist.

An den Fehlern in *A* läßt sich ablesen, worauf man in
den übrigen Partien gefaßt sein muß. Es sind immer wie-
der Verschreibungen und Flüchtigkeiten, die den Text oft
bis zur Unkenntlichkeit entstellt haben. Man wird gut tun,
überall vom Schriftbild auszugehen, weil die Fehler häufig
durch Verschreibung einzelner Buchstaben entstanden sind.
Die Pronomina sind offenbar besonders hart betroffen wor-
den. Überall ist mit Auslassungen zu rechnen, die von ein-
zelnen Buchstaben (*wol = wolf* 720, *abe = habe* 1103) bis
zu ganzen Versen reichen. Zusätze und Abweichungen in
Wortgebrauch und Flexion werden jedoch kaum mit Sicher-
heit zu erkennen sein. Größere Einschübe scheint es in *A*
nicht zu geben, auch keinen Textausfall von mehr als einem
Vers und keine Umstellungen von Versen, sofern die in *B*
überlieferte Partie einen Rückschluß auf den ganzen Text
erlaubt. Das wichtigste scheint mir zu sein, daß *A* sich eigent-
lich nirgends durch eigene Lesarten von *B* unterscheidet; d.h.
A und *B* repräsentieren nicht zwei verschiedene Textrezensio-
nen, sondern sie bieten im wesentlichen ein und denselben
Text, der in *B* sehr gut und in *A* sehr schlecht erhalten ist.
Auch das spricht übrigens dafür, daß Elmendorfs Tugend-
lehre keine weite Verbreitung gefunden hat.

3. Sprache

Elmendorfs Sprache bedarf einer neuen gründlichen Unter-
suchung. Dabei werden vor allem die alten Fragmente stär-
ker zu berücksichtigen sein. Edward Schröder schrieb be-
reits 1909: „Hätte sich einer von uns einmal rechtzeitig die

Berliner Fragmente des Wernher von Elmendorf angesehen, so wäre die Frage, in welcher Sprachform wohl der Heiligenstädter Dichter sein Werk abgefaßt haben möge, nie aufgeworfen worden"[7]. Die Alternative hochdeutsch oder niederdeutsch in Bezug auf einen Dichter, der an der äußersten Nordwestecke Thüringens gedichtet hat, war überhaupt nur so lange sinnvoll, wie man noch wenig von der Existenz nordmitteldeutscher Schreibdialekte wußte[8]. Die Veldeke-Forschungen von Th. Frings und K. Bischoffs Untersuchungen zu Eike von Repgow — um nur diese zu nennen — haben gezeigt, wie eng die beiden Begriffe zusammenrücken können. „Daß Wernher Niederdeutscher war, scheint mir durch die Reime von hd. *t : z* bewiesen" schrieb Roethe 1899 (Die Reimvorreden des Sachsenspiegels. S. 37) und verwies auf „3 sichere, vielleicht gar 8 Belege". Die drei „sicheren" sind *not : groz* (197f.), *daz : edificat* (829f.), *daz : iuuat* (1191f.), von denen aber die letzten beiden wenig besagen, denn sie sind als mfrk. Reime so wenig zu beanstanden wie die mfrk. Formen *steit* und *deit*, die Elmendorf im Reim nicht mied. Im übrigen ist gar nicht sicher, daß an diesen Stellen tatsächlich unverschobenes *dat* gemeint ist, denn die Reime auf lat. Wörter sind bei Elmendorf durchweg unrein: er reimt assonantisch *horen : Medorum* (149f.), auf Endsilbe *alsus : coartandus* (635f.), rührend *deferre : verre* (771f.). Es ist auch in Rechnung zu stellen, daß die alten Fragmente stets *daz* und *ez* schreiben. — Noch weniger Beweiskraft haben die übrigen Reimbindungen, auf die Roethe sich bezog: es handelt sich um unverschobenes *t* im Prät. von *setzen* und *letzen (gelazt :*

---

7 E. Schröder: Der Prolog der Metamorphosen-Bearbeitung des Albrecht von Halberstadt. — In: Nachr. von der Kgl. Ges. der Wiss. zu Göttingen. Phil.-hist. Kl. 1909. S. 86.

8 Vgl. dazu R. Schäftlein: Die Metamorphosen-Verdeutschung Albrechts von Halberstadt. Eine Quelle zur hist. Dialektologie Nordthüringens. — In: PBB 90. Halle 1968. S. 140—144.

stat 865f., *hettis : zetzis* 917f., *setzte : hette* 1165 f.), das
bekanntlich überall am Rhein, bis ins Alemannische hin-
auf, anzutreffen ist (vgl. PMS § 116, Anm. 16), und ferner
um die unreinen Reime *kurtz : durft* (581f.) und *heisit*
(= *heizet*) *: leistit* (601f.); wenn Elmendorf *kurt* mit un-
verschobenem *t* gereimt hat, so verstieß er nicht gegen md.
Reimpraktiken: auch bei Herbort z.B. steht *kurt* im Reim[9],
ebenso im Athis u. Prophilias (Kraus) C* 29 f., weitere Be-
lege aus md. Texten bei Weinhold § 194. 197; Frings-Schieb,
PBB 71. 1949. S. 112. So bleibt aus Roethes Liste nur
der Reim *nôt : grôz*, der nicht überbewertet werden darf,
denn Elmendorf reimt sonst *not* auf *geboth* (23), *rot* (337),
brot (1034) und *groz* auf *bloz* (173. 408) und *gnoz* (203).
Auch im Vorauer Alexander gibt es einen solchen Reim
grôz : tôt (Kinzel 1221f.)[10], den der Straßburger Bear-
beiter unbeanstandet übernommen hat (1691f.); und im
Athis reimt *grot* (A[d] 15) auf ein verlorenes Wort. Daß El-
mendorf *grôt* gesprochen hat, ist aus dem Reim nicht zu
erschließen; es ist nicht einmal sicher, daß es sich um einen
reinen Reim handelt. — Hier ist ferner der Reim *sien* (= *se-*
hen) *: inflien* (= *entvliehen*) (33f.) zu erwähnen, den Be-
haghel (Schriftsprache und Mundart. S. 26, Anm. 22) als
„sicher nd." bezeichnet hatte; er war dabei allerdings von
der nd. Form *sên : inflên* ausgegangen, die aber für Elmen-
dorf nicht zu sichern ist. Vielmehr ist dieser Reim im Zu-
sammenhang mit den zahlreichen *ie-* bzw. *î*-Kontraktionen
zu sehen, die es bei Elmendorf gibt: *flien* (= *vlîhen, vlæjen*) *:*
lien (= *ligen*) (133f.), *amm[i]en : ligen* (443f.), *hie : sehe*
(595f.), *an ligen : vercien* (= *verzîhen*) (621f.), *zien* (= *zie-*
hen) *: geien* (= *gejehen*) (1085f.), *ziet* (= *zîhet*) *: liget* (1195f.)

---

9 Vgl. R. Brachmann: Zum Reimgebrauch Herborts von Fritz-
  lar. — Diss. Leipzig 1907. S. 37.
10 Vgl. J. Kuhnt: Lamprechts Alexander. Lautlehre u. Untersu-
  chung der Verfasserfrage nach den Reimen. — Diss. Greifs-
  wald 1915. S. 30.

usw. Diese Bindungen haben ihre nächsten Parallelen in mfrk. Texten; der Reim *vlien* (= *vliehen*) : *sehin* begegnet z.B. beim Wilden Mann: Vespasianus (Standring) 235f.

Was die Reime nicht hergaben, sollte der Wortschatz beweisen. Roethe hat allerdings schon deutlich ausgesprochen: „Die Grenzen zwischen md. und nd. Wortschatz sind an sich oft fließend und verschwimmen unsrer Erkenntnis noch öfter, zumal bei der Schwäche unserer lexikalischen Hilfsmittel" (S. 32). Man kann noch hinzufügen: die geringe Zahl nordmd. Texte aus der Zeit vor 1200, besonders wenn man vom Rhein weg nach Osten geht, macht es so gut wie unmöglich, im Einzelfall anzugeben, ob ein Wort nur nd. gebräuchlich war oder ob man es auch in md. Gebieten kannte. Trotzdem hat man zur Charakterisierung von Elmendorfs Sprache immer wieder einzelne Wörter angeführt. Roethe selber pochte besonders auf das Verbum *nôsen, genôsen* ([244]. 603) „schädigen", das nach seiner Meinung „frappant ins tiefe Niederdeutschland" gehört (S. 37) und in dem er geradezu die Hauptstütze für die oldenburgische Heimatthese sehen wollte. *nôsen* kommt aber nicht nur, worauf Roethe schon hinwies, bei Brun von Schönebeck vor, sondern auch in Veldekes Liedern (MSF 60,34), bei Bruder Hans (Batts) 4833, im Karlmeinet (Keller) 161,31 und anderswo, vgl. Frings-Schieb, PBB 69. 1947. S. 86f.; Leitzmann, ZfdA 82. 1948/50. S. 71. Sonst fand Roethe „nichts Schlagendes" (S. 37) bei Elmendorf, wertete allerdings auch *sich flien* (133) „sich verstellen"; *undige* (914) „der nicht von edlem Geschlecht ist" und *vermuten* (434) m. Gen. „begehren" als niederdeutsch. Davon ist *undige* ein recht fragwürdiger Ansatz (vgl. unten S. 72f., Anm. zu v. 910/914); *vlien* wird von Leitzmann (S. 72) aus Nik. v. Jeroschin belegt; und zu *vermuten* ist zu sagen, daß Schiller-Lübben (V, 407) nur den reflexiven Gebrauch bezeugt und daß die für Elmendorf geforderte Bedeutung auch hd. für das Simplex *muo-*

ten gut belegt ist (Lexer I, 2242f.). Angesichts eines so unsicheren Beweismaterials halte ich Edward Schröders Urteil, daß Elmendorfs „Reime und der Wortschatz der Dichtung zwar auf die Grenze des hd. Sprachgebiets, aber nicht über den Heiligenstadt zukommenden nordthüringischen Dialekt hinaus aufs Nddt. weisen" (AfdA 17. 1891. S. 79) für am besten begründet.

Beinahe ebenso unfruchtbar wie die Alternative hochdeutsch oder niederdeutsch hat sich für einige md. Texte die Frage rheinisch oder thüringisch erwiesen; die Diskussion über die sprachliche Lokalisierung von Eilharts Tristrant und der Rede vom Glauben des Armen Hartmann liefert den besten Beweis dafür[11]. Einen Weg zum besseren Verständnis hat Heinrich Bach in seinen Untersuchungen zur thüringisch-sächsischen Kanzleisprache gewiesen[12]. Bach hat festgestellt, daß es in Thüringen zwei verschiedene Schreibtraditionen gab: eine ältere nach Westen orientierte und eine jüngere, die immer stärker unter südlichem Einfluß stand. Ein Zeugnis für die zum Rhein hin ausgerichtete Schreibtradition sind die Berliner Elmendorf-Fragmente, und vieles deutet darauf, daß Elmendorf selber dieser Tradition gefolgt ist. So werden sich die ausgesprochen mfrk. bzw. rheinischen Züge in seiner Reimsprache erklären: die Bindungen von *ht* und *ft* (*macht : craft* 213f. 767f., *creftin : berichten* 217f., *uorchte : dorfte* 279f., *inrichte : gifte* 351f., *gifte : lihte* 357f., *rechte : gifte* 1041f.), die Reime von *d* auf *t* (*gestadete : geladete* 191f., *beiten : scheidin* 1129f., *note : tote* Dat. Sg. des stm. 1133f.), das unverschobene *t* im Prät. von *setzen* und *letzen* (s.o. S. XXIIIf.), die 2. Prs. Pl. auf *-nt* (*tugent : ir mu-*

11 Vgl. G. Cordes: Zur Sprache Eilhards von Oberg. – Hambur, 1939. (= Hansische Forschungen. 1.) S. 2ff.
12 H. Bach: Die thüringisch-sächsiche Kanzleisprache bis 1325. Bd. 1. – Kopenhagen 1937. S. 29ff.

gent 241f. 293f.)[13], die Reime von *gewone* auf *ane, manen*
(406. 835. 895. 1043. 1186), die Formen *teit* (435), *steit*
(538. 588. 770. 805. 837. 1122) und *vnfeit* (1115) neben
tuot und *stât*. Auch die zahlreichen Bindungen von *e-* und
i-Lauten, z.T. in verschiedener Quantität, sowie die zahl-
reichen Kontraktionen auf *ie* entsprechen dem Reimge-
brauch rheinischer Dichter. Ausgesprochen Thüringisches
gibt es dagegen bei Elmendorf kaum. Die Infinitive, die auf
Wörter ohne Schluß-*n* reimen – Leitzmann (ZfdA 82. 1948/50.
S. 69) nannte 18 Bindungen, von denen aber einige zu streichen
sind –, besitzen nicht viel Beweiskraft, da es daneben eine pro-
zentual ziemlich genau entsprechende Anzahl von Reimen auf
überschüssiges -*n* gibt, an denen keine Infinitive beteiligt sind.
Man wird bedenken müssen, daß Heiligenstadt zur Erzdiö-
zese Mainz gehörte; da kann die Orientierung nach Westen
nicht überraschen.

4. Reim- und Verstechnik

Die Antwort auf die Frage, in welchem Umfang Elmendorf
unreine Reimbindungen verwendet hat, wird durch die
schlechte Überlieferung erschwert. In vielen Fällen ist nicht
zu entscheiden, ob eine vom Dichter gestattete Unreinheit
vorliegt oder ob der Schreiber von *A* dafür verantwortlich
ist. Wo *A* durch *B* kontrolliert werden kann, ist der Reim
dreimal verderbt (126. 357. 391); falls die Verhältnisse in
den übrigen Partien ähnlich lagen, ist mit ca. 30 Verschrei-
bungen im Reim zu rechnen. Das ist eine sehr hohe Zahl,
wenn man bedenkt, daß die Gesamtzahl der unreinen Rei-
me bei Elmendorf, auch wenn man sehr großzügig rechnet,

---

13 Diesen Reim kann man natürlich auch *tuget : muget* lesen,
   vgl. Frings-Schieb, PBB 71. 1949. S. 34f., doch schreibt die
   Hs. *B* auch im Versinnern *mugint ir* (149).

kaum über 60 liegt. Von vornherein sind folgende Abzüge
zu machen: viermal ist ein Vers ausgefallen (42. 314. 328.
797); fünfmal ist das Reimwort ausgefallen (452. 860. 872.
901. 1055); dreimal ist die Verschreibung des Reimworts
evident (244. 443. 916).

Ein zweiter Unsicherheitsfaktor besteht in der Abgren-
zung der unreinen Reime von den dialekt-reinen. Die Bin-
dung *undult : unholt* z.B. kann von einem md. Dichter als
reiner Reim oder als Assonanz verwendet worden sein. Man
darf, glaube ich, davon ausgehen, daß für Elmendorf die
folgenden Bindungen als technisch rein galten: Reime von
lang *e* auf *æ* (13 mal), von offenem auf geschlossenes *e*
(643f.), von *uo* auf *üe* (317f. 575f. 893f.), von *ht* auf *ft*
(213f. 217f. 279f. 351f. 357f. 767f. 1041f.), von intervo-
kal. *b* auf *f* (681f. 731f. 745f.), von auslautendem *g* auf
Spirans (79f. 847f. 1067f.), von *ld* auf *lt* (207f. 459f.
491f. 687f. 877f. 1107f.), von *nd* auf *nt* (1009f.), von
intervokal. *d* auf *t* (191f. 305f. 1129f. 1133f.), ferner die
Reime der verschiedenen *ie*-Kontraktionen (12 mal), die
Reime *merken : wirken* (35f. 307f. 519f. 605f. 941f.),
komen : frumen (85f. 95f. 169f. 629f. 707f. 1021f.),
kunde : frunde (673f. 695f.) sowie die oben auf S. XXVIf.
genannten mfrk. Formen. Auch die Reime auf überschüssi-
ges -*n* werte ich nicht als unrein; Leitzmann (S. 69) hat
dreißig solcher Reime gezählt; darunter 18 auf Infinitiv;
die Zahl liegt wahrscheinlich etwas niedriger: da der *A*-
Schreiber gerade in den Reimen das auslautende *n* merk-
würdig schwankend behandelt hat — er hat 23 mal Wörter
mit und ohne -*n* im Reim gebunden —, ist die Entschei-
dung öfter schwierig.

Ich begnüge mich damit, die unreinen Bindungen auf-
zuzählen. Zum Teil handelt es sich um leichte konsonan-
tische Assonanzen, wie sie noch in Texten der Blütezeit
begegnen: *sagen : gehaben* (167f.), *getragen : habe* (183f.),
samene : clagene (979f.), *versinnen : vinden* (569f.),

grimme : gesinde (985f.); *nenne : gezeme* (1099f.) ist vielleicht verschrieben. Sehr häufig gibt es in md. Texten dialekt-gemilderte Assonanzen nach lang *i*; bei Elmendorf: *libes : lides* (795f.), *niedin* (= *nîden*) *: bliben* (1147f.), *vormiden : swigen* (881f.), *verswigen : zien* (= *zîhen*) (1039f.); ungewöhnlicher und vielleicht verschrieben ist *din : vri* (997f.). Fast als rein zu betrachten sind die Reime *berůphit : gerochit* (125f.) und *betruget : virzugit* (= *verziuhet*) (679f.). Etwas schwerer wiegen die Assonanzen nach *ei: heisit : leistit* (601f.), *bescheiden : weinen* (177f.); hier könnte leicht ein Fehler in *A* vorliegen. Die rhythmisch ungleichen Reime: *wane : getan* (37f.), *schemeliche : dich* (333f.), *alderin : behalden* (787f.) können alle vom *A*-Schreiber entstellt worden sein. Die einsilbigen Assonanzen *tun : frum* (545f.) und *richtum : tun* (1119f.) kommen besonders zahlreich in obdt. Texten vor, sind aber auch md. nicht selten. Dialekt-gemildert sind auch die Bindungen *kurtz : durft* (581f.) und *verwarcht : starc* (1011f.); vgl. z.B. bei Wernher v. Niederrhein (Köhn) *giburt : durt* (79f.), im Straßburger Alexander (Kinzel) *burch : durft* (2267f. u.ö.), in Morant und Galie (Kalisch) *gewort : hart* (1015f.), bei Wernher v. Niederrhein (Köhn) *starch : inbidarf* (307f.); Schieb-Frings (PBB 74. 1952. S. 39) belegen die Schreibung *starcht* aus dem niederdt. Glossarium von Bern. Überschüssiges *t* reimt in *A* noch mehrfach: *meisterschaft : gab* (633f.), *phleget : wege* (873), *ane : gewonet* (1185f.); für die letzten beiden ist vielleicht wieder der Schreiber verantwortlich. Konsonantische Ungenauigkeiten gibt es schließlich auch in den Reimen auf lat. Wörter (s. oben S. XXIII).

Unter den vokalischen Assonanzen nehmen die ungleichen Bindungen vor *ht/ft* den ersten Platz ein: *dechte : mochte* (99f.), *beduchte : muchte* (155f.), *gedichte : rechte* (229f.), *muchte : gerichte* (255f.), *gerichte : mochte* (507f.), *gerichte : rechte* (533f.), *mochte : brechte* (693f.),

rechte : gifte (1041f.), *rechte : brechte* (1111f.). Wie weit
die Vokale vor *ht* zusammenfielen und es sich also um rei-
ne Reime handelt, ist nicht zu entscheiden. Ähnliche Reim-
bindungen begegnen gelegentlich in md. Quellen[14], z.B. im
Aegidius (Bartsch) *nichte : mochte* (371f. 1275f.), aber
offenbar nirgends so häufig wie bei Elmendorf. Weiter
verbreitet waren assonantische Bindungen einiger ver-
wandter Langvokale: *offinbare : were* (1161f.), *beswere :
zware* (1199f.), *truwen : drouwen* (1181f.), *rume : inge-
tume* (943f.), *genûzis : uirwizis* (373f.), *verwisen* (= *ver-
wizen*) *: heizen* (909f.); einige dieser Bindungen dürften
als rein zu betrachten sein. Auch die *e/i-* und *o/u*-Reime
sind nicht notwendig unrein: *wiste : zu letzste* (209f.),
willen : geuellen (1141f.), *betrogen : lugen* (715f.),
vndult : vnholt (853f.). Stärker unrein sind die Reime
von *e* auf *a, o* auf *a* und *u* auf *a: gerechen : machen*
(845f.), *worten : warten* (493f.), *vndir : andir* (185f.),
sundir : andir (89f.), und dazu gehört auch *kummir : an-
dir* (171f. 179f. 193f.). Aber auch diese Bindungen fal-
len nicht aus der md. Reimpraxis heraus, vgl. etwa in der
Mfrk. Reimbibel (Kraus) *sprechen : uersachen* (B *340f.),
wort : wart (B *368f. u.ö.), im Straßbg. Alex. (Kinzel)
worten : harte (3144f.), *Alexander : tumber* (1440f.),
im Arnsteiner Marienleich (Maurer) *ander : wunder* (25,1),
derselbe Reim bei Eilhart (Lichtenstein 9085f.), bei Wern-
her v. Niederrhein (Köhn) *undir : andir* (479f.) usw. Sel-
ten sind Bindungen ungleicher Quantitäten: *tritit : stritit*
(825f.), *mage : gewage* (931f.), *lebin : vertriben* (975f.);
einige könnten auf das Konto von *A* gehen.

Schließlich gibt es einige Bindungen mit vokalischer
und konsonantischer Unreinheit, die schlecht zu dem

---

14 Vgl. E. Gierach: Zur Sprache von Eilharts Tristrant. – Prag
1908. (= Prager dt. Studien. 4.) S. 24. 57 u. Anm. 28;
Cordes, loc. cit. S. 48; K. Weinhold: Mhd. Grammatik.
²1883. § 46. 51.

übrigen Reimgebrauch passen. In einigen Fällen kann man überhaupt nicht mehr von Reimen sprechen: *vnstunden : verladen* (305f.), *dingen : verdenken* (547f.), *bescriben* (P.P.) *: heiden* (583f.), *habe : vnreine* (653f.), *reden : beiten* (755f.), *hus : bloz* (947f.), *selden : brengen* (949f.). Diese Bindungen sind wahrscheinlich allesamt verderbt.

Wenn man alles, was hier zusammengestellt wurde, als technisch unrein ansieht, gibt es bei Elmendorf 10,3% unreine Reime. Diese Zahl ist aber sicherlich zu hoch gegriffen, da eine ganze Reihe der aufgeführten Bindungen entweder als dialekt-rein oder als verderbt abgezogen werden muß. Wichtig scheint mir vor allem die Feststellung, daß die unreinen Reime genauso traditionsgebunden waren wie die reinen: es ist derselbe Kreis nordmd. Texte, der sich schon sprachlich am nächsten verwandt erwies, in dem sich auch die meisten unreinen Bindungen wiederfinden, die Elmendorf benutzt hat. Auffallend ist, gerade im Vergleich zu diesen Texten, Elmendorfs Zurückhaltung gegenüber unreinen Reimen; er steht reimtechnisch auf einer höheren Stufe als der Straßburger Alexander, der Graf Rudolf oder Eilhart[15].

Mit dem technischen Fortschritt der Reime kann der Versbau nicht Schritt halten. Hier ist wiederum der Vorbehalt zu erheben, daß die schlechte Überlieferung vielfach an metrischen Entstellungen schuld sein kann. Aber die Hs. *B* zeigt, daß wir für Elmendorf mit einem Versbau zu rechnen haben, der sich noch alle Freiheiten der frühmhd. Versfüllung genommen hat. Zwar lassen sich die meisten Verse mit einigem guten Willen vierhebig lesen — dabei erscheint die sog. „weiblich-volle" Kadenz gleichberechtigt neben der stumpfen („vollen") und der klingenden —, aber dieser Rahmen wird gelegentlich nach oben oder nach unten überschritten. So sind z.B. die Verse 382f. in *B*:

---

15 Vgl. die Übersicht bei Cordes S. 17.

deme ne salt tŭ mit argen listen nit uersagin
necheine bede

am besten als Fünfheber und Zweiheber zu lesen, jedenfalls
nicht vierhebig. In *A* gibt es nicht wenige Dreiheber: *waz*
meinet her do mite (29), *ez komit ouch also* (429), *nv ler-*
ne och da bye (485), ferner v. 107. 121. 807. 808. 835.
879. 1171 usw., und daneben 15- bis 17-Silbler: *wi moch-*
te er eines anderen frunt sin vnde bliben (645), *er in wolde*
sine truwe wider sine vinde crencen (804), *odir si machit*
dich dinir erin zu eineme gaste (898), *so er in allir gernist*
hette, so wirt iz im ture (938), *so iz is mislich, wi lange*
sie danne dar an bliben (1148), *ob er iz an deme gute vnd*
an der gewalt stete hette (1166) usw., die wohl als Sechs-
bis Achtheber zu verstehen sind. Dieser Hinweis muß hier
genügen. Eine genaue Untersuchung müßte auf einer breite-
ren Grundlage erfolgen.

5. Die Vorlage

Seitdem Schönbach entdeckt hat, daß Elmendorf das Mo-
ralium dogma philosophorum (früher bekannter unter dem
Titel: Moralis philosophia de honesto et utili) als Vorlage
benutzt hat, gilt diese Frage als geklärt. Holmberg hat den
lat. Text 1929 neu herausgegeben[16]; er kannte 50 Hss. des
Mor. dogma; inzwischen ist diese Zahl auf weit über das
Doppelte angestiegen[17]. Aufbau und Intention des Werkes
hat Ph. Delhaye am besten erläutert[18]. Die Diskussion über

---

16 Das Moralium dogma philosophorum des Guillaume de Conches.
Lat., altfrz. u. mittelndfrk. Hrsg. von J. Holmberg. – Uppsala
1929.
17 R.-A. Gauthier hat 1955 schon 117 Hss. gezählt (Revue du
moyen âge latin 11. S. 51ff.).
18 P. Delhaye: Une adaptation du De officiis au XIIe siècle. Le
Moralium dogma philosophorum. – In: Recherches de théologie
ancienne et médiévale 16. 1949. S. 227–258; 17. 1950. S. 5–28.

XXXII

die Frage, ob Wilhelm von Conches oder Walther von Châtillon der Verfasser war, die in den fünfziger Jahren die Forschung beherrschte[19], ist ohne eindeutiges Ergebnis geblieben. Für Elmendorf war sie nur insofern interessant, als die Zuweisung an Walther von Châtillon zu einer Spätdatierung des Mor. dogma nach 1165 führte, d.h. bis unmittelbar in die Entstehungszeit des deutschen Textes. Wie dem auch sei, sicher ist, daß Elmendorfs Vorlage in wichtigen Punkten anders aussah als Holmbergs kritischer Text des Mor. dogma. Elmendorf beruft sich an 49 Stellen auf einen Gewährsmann: dreimal auf Salomon und 46 mal auf einen antiken Autor, am häufigsten auf Seneca (16 mal) und Horaz (8 mal), dann auf Cicero (den er viermal Tullius nennt, einmal Cicero), auf Sallust, Juvenal und Lukan (je 4 mal) und schließlich auf Boethius (2 mal), Terenz, Ovid und Xenophon (je einmal). In Holmbergs Ausgabe kommen Autorennamen nur an wenigen Stellen vor; in den Handschriften sind sie dagegen zahlreich, und es besteht kein Zweifel daran, daß Elmendorf sie aus seiner Vorlage übernommen hat. Dabei ist besonders interessant, daß er zwei Autoren nennt, die im Mor. dogma überhaupt nicht vertreten sind: Ovid und Xenophon. Der Name Ovid ist nach Holmbergs Angaben „erst in einer jüngeren Redaktion" des lat. Textes dazugekommen (S. 9, Anm. 3). Die Erwähnung bei Elmendorf zeigt jedoch, daß der Name bereits um 1170 in Hss. des Mor. dogma zu finden war. Ebenso interessant sind die falschen Autorennamen: v. 696 schreibt Elmendorf ein Cicero-Zitat Seneca zu und v. 906 beruft er sich auf Seneca, wo er Sallust überträgt. Es ist kaum anzunehmen, daß diese Fehler auf das Konto der Hs. *A* gehen; wahr-

---

19 Vgl. J. R. Williams: The Quest for the Author of the Moralium Dogma Philosophorum: 1931–1956. – In: Speculum 32. 1957. S. 736–747.

scheinlich hat Elmendorf die falschen Namen bereits in
seiner Vorlage gefunden. Daß diese Vorlage bereits interpo-
liert war, zeigt sich an mehreren Stellen, wo Elmendorf Zi-
tate verwendet, die sich in Holmbergs Ausgabe des Mor.
dogma nicht finden (vgl. Anm. zu v. 869f. und zu v. 910/
914). In diesem Zusammenhang ist auch die Randbeschrif-
tung der Berliner Fragmente wichtig; dort sind eine Reihe
von Quellenzitaten eingetragen, die Elmendorf benutzt hat.
Aus der Formulierung der lat. Texte ergibt sich mit Sicher-
heit, daß diese Zitate dem Mor. dogma entnommen sind
und nicht unmittelbar den antiken Schriftstellern. Darun-
ter findet sich ein Juvenal-Zitat (Saturae III, 113), das El-
mendorf v. 136f. verwertet hat, das aber nicht bei Holm-
berg steht. Der Benutzer der Berliner Fragmente hatte also,
ebenso wie Elmendorf selber, eine Hs. des Mor. dogma vor
sich, die den Text bereits in einer erweiterten Fassung bot.
Man wird sich demnach nicht mit Holmbergs Ausgabe be-
gnügen können, sondern wird die Hss. selbst — mindestens
die älteren, die noch aus dem 12. Jh. stammen — heranzie-
hen müssen, um Elmendorfs Verhältnis zu seiner Vorlage
zu bestimmen. Das bleibt eine lohnende Aufgabe.

6. Aufbau

Die alten Fragmente überliefern eine Kapiteleinteilung, die
sicherlich von Elmendorf stammt. Erhalten sind die An-
fänge der Kapitel VI—VIII und XXIV—XXVII. Der Umfang
der Kapitel schwankt zwischen 10 und 32 Versen, für
Kap. I—XXVI beträgt die durchschnittliche Länge 15,6
Verse. Danach dürfte der ganze Text in ca. 75 Kapitel ge-
gliedert gewesen sein. Ähnliche Kapiteleinteilungen finden
sich im Annolied (daß die Kapitelzählung des Annoliedes
erst von Opitz eingeführt wurde, ist unwahrscheinlich), in
Ebernands von Erfurt Heinrich und Kunegunde, in Prie-

ster Eberhards Gandersheimer Reimchronik, im Baumgartenberger Johannes baptista, also hauptsächlich in historisch-legendarischer Dichtung. Anspruch und Leistung dieser Kapitelgliederung sollten einmal im Zusammenhang untersucht werden. Elmendorf hat die Kapitel zur Gliederung seines Lehrstoffs benutzt und hat sich offensichtlich um eine thematische Abgrenzung bemüht. Das ist jedoch im einzelnen nicht mehr nachweisbar, da die ursprüngliche Gliederung des Textes in der Hs. *A* nur sehr unvollkommen bewahrt ist. In *A* ist der Text durch Initialen in 41 Abschnitte eingeteilt, deren Umfang zwischen 6 und 108 Versen schwankt. Der *A*-Schreiber (oder seine Vorlage) hat aber nicht nur eine beträchtliche Zahl alter Kapitelgrenzen übergangen, sondern hat auch durch neue Abschnitte den Zusammenhang zerrissen. Soweit *A* und *B* vergleichbar sind, fehlen zwei Initialen in *A* (bei v. 121 und v. 401), eine Initiale ist dazugekommen (bei v. 103). Auch in den übrigen Partien geben die Initialen in *A* mehrfach zu Bedenken Anlaß.

Im ganzen ist Elmendorf in der Anordnung des Lehrstoffs seiner lat. Vorlage gefolgt, aber er hat durch beträchtliche Auslassungen, durch Umstellungen und gelegentliche Erweiterungen die Akzente anders gesetzt. Es war ihm und seinem Auftraggeber offenbar nicht darum zu tun, die systematische Tugendlehre des Mor. dogma möglichst sorgfältig ins Deutsche zu übertragen. Dem deutschen Text kann man nicht mehr ansehen, daß in der Vorlage die Unterscheidung zwischen *honestum* und *utile* den Aufbau des ganzen Werkes bestimmte und daß in dem Begriff des *honestum* die vier christlichen Kardinaltugenden mit ihren zahlreichen Untertugenden zusammengefaßt waren. Nur zwei Kardinaltugenden – *iustitia* und *temperantia* – sind auch bei Elmendorf Ordnungsbegriffe – *reht* und *mâze* –, die den Lehrstoff gliedern. Aus dem *prudentia*-Kapitel ist ein Abschnitt über gute und schlechte Ratgeber geworden;

aus dem *fortitudo*-Kapitel eine Anleitung zum richtigen Verhalten im Krieg. Neben *reht* und *mâze* treten bei Elmendorf *milte*, Frömmigkeit und *stæte* als Leitbegriffe hervor. Offenbar war es seine Absicht, aus der Tugendsystematik des Mor. dogma das herauszusondern, was bei der Unterweisung adliger Herren praktische Verwendung finden konnte. Es ergibt sich etwa folgende Gliederung (vgl. ZfdA 88. 1957. S. 47f.):

Prolog	v.	1 —	72
Gute und schlechte Ratgeber	v.	73 —	236
reht	v.	237 —	290
milte	v.	291 —	556
Frömmigkeit	v.	557 —	732
Verhalten im Krieg	v.	733 —	806
stæte	v.	807 —	856
mâze	v.	857 —	1198
Schluß	v.	1199 —	1211

7. Textbehandlung

Die Überlieferung von Elmendorfs Lehrgedicht erlaubt nicht die Erstellung eines kritischen Textes. Vom ursprünglichen Wortlaut der Dichtung geben die Berliner Fragmente eine gute Vorstellung; aber die übrigen neun Zehntel des Textes kennen wir nur in einer Gestalt, die keinen Anspruch auf Authentizität stellen kann. Damit muß man sich abfinden.

Um den Unterschied der beiden Hss. in bezug auf die Qualität des Textes zu demonstrieren, werden sie — soweit *B* vorhanden ist — nebeneinander gedruckt. Wo *A* alleine den Text repräsentiert, bleibt dem Herausgeber keine andere Wahl, als dieser schlechten Hs. zu folgen, soweit sich das vertreten läßt, und sie zu korrigieren, wo sie Fehler aufweist. Alle Abweichungen von der hs. Überlieferung

XXXVI

sind kursiv gesetzt. Es ist nicht leicht, den Ermessensspielraum des Herausgebers in diesem Fall eindeutig abzugrenzen. Sicherlich wäre es möglich, den stark verderbten und streckenweise kaum verständlichen Klosterneuburger Text mit den Mitteln der Konjekturalkritik in ein einigermaßen passables Mhd. umzuschreiben. Aber darin kann ich nicht meine Aufgabe sehen, weil dem Ergebnis eines solchen Bearbeitungsprozesses meines Erachtens jegliche Verbindlichkeit fehlen würde. Deswegen habe ich mich entschlossen, den hs. Text nur an den Stellen zu ändern, wo die Fehlerhaftigkeit der Überlieferung evident ist und wo sich eine bestimmte Besserung aufdrängt. Mehrmals ist die Verderbnis des Textes nur durch cruces markiert, wo ich entweder keine einleuchtende Korrektur weiß oder wo sich mehrere Besserungsmöglichkeiten anbieten, die etwa gleichwertig sind, oder schließlich auch, wo nur durch größere Eingriffe eine befriedigende Lösung zu erreichen gewesen wäre. Dagegen ist alles, was nur irgend sinnvoll sein könnte, unberührt geblieben, auch an Stellen, an denen sich Besserungen wie von selbst anbieten. Ich bin mir darüber im klaren, daß eine solche Haltung verschiedentlich dazu führt, daß als eine ausgefallene syntaktische Konstruktion oder als eine seltene Schreiberform anerkannt wird, was in Wirklichkeit ein Fehler im Sinne der Textkritik ist. Das war jedoch in Kauf zu nehmen, wenn eine allzu subjektive Textgestaltung vermieden werden sollte. Vielleicht kann dieser Mangel zum Teil dadurch ausgeglichen werden, daß in den Anmerkungen zum Text auf die Möglichkeit weiterer Fehler hingewiesen wird und weitere Besserungsvorschläge zur Diskussion gestellt werden. Carl v. Kraus' polemisches Wort von 1916: „Den Hss. aber bringt man mehr Vertrauen entgegen als dem Genius des Dichters"[20], hat seine Schärfe

20 C. v. Kraus: Zu den Liedern Heinrichs von Morungen. – Berlin 1916. (= Abhlgg. der Kgl. Ges. d. Wiss. zu Göttingen. Phil.-hist. Kl. N.F. 16. Nr 1.) S. 3.

verloren. Es ist nicht das gewachsene Vertrauen darauf,
daß die Hss. den Wortlaut der Originale bewahrt haben,
sondern es ist die größere Skepsis gegenüber dem An-
spruch, den originalen Wortlaut kritisch erschließen zu
können, was uns heute anders verfahren läßt.

Im ersten Apparat ist der genaue Wortlaut der Hs. no-
tiert, wo mein Text von der Überlieferung abgeht; außer-
dem wird angegeben, was in der Hs. nicht eindeutig zu
entziffern ist. Abweichende Lesungen Hoffmanns sind mit
der Sigle "Hoffm." aufgeführt; dagegen habe ich seine Le-
sefehler – Hoffmann las z.B. *cleine* statt *deme* (A 391)
und *freude* statt *freuele* (745), und mehr als 20 mal hat er
einzelne Buchstaben verlesen – stillschweigend korrigiert.
Im zweiten Apparat sind die Konjekturen und Besserungs-
vorschläge, die sich in der Elmendorf-Forschung finden,
so vollständig wie möglich verzeichnet. Daraus wird einer-
seits ersichtlich, wie weit meine Textänderungen auf der
älteren Forschung beruhen, und zum anderen werden ver-
schiedene Möglichkeiten des Textverständnisses aufgezeigt.
Nicht wenige Besserungsvorschläge sind einfach als Lese-
hilfen zu verstehen, die die krause Orthographie von *A*
ins gewohnte Mhd. übertragen.

Auf eine Normalisierung der Schreibweise habe ich ver-
zichtet, weil dabei viele Eigenheiten der Überlieferung ver-
loren gehen würden. Die Unterschiede zwischen rundem
und langem *s* und *d* und die verschiedenen Formen des *r*
bleiben allerdings unberücksichtigt. Dagegen wird zwischen
i und *j* und zwischen *u* und *v* nach dem Vorbild der Hss.
unterschieden. Die diakritischen Zeichen in *B* sind bewahrt;
im übrigen gibt die Orthographie von *B* kaum irgendwo zu
Mißverständnissen Anlaß. In *A* dagegen ist die Grenze
zwischen Schreibfehler und gewollter Schreibform ver-
schiedentlich nicht klar zu erkennen. Ich folge der Hs. in
folgenden Punkten: *ie* steht gelegentlich für kurzes *i* (*be-
niemit, friede* etc.) und gelegentlich für langes *i* (*miedin,*

liebe = *lîbe*); *e* begegnet selten für *ei* (*wez* = *weiz*, *lediste* = *leidiste*), ausnahmsweise auch für *ie* (*lebir* = *liebir*); *o* hat manchmal den Lautwert *ou* (*lofende*, *vrloge*) oder *uo* (*rome*, *stahelhot*) oder *üe* (*rogeren* = *rüegæren*); *ou* bezeichnet auch *uo* (*rouchis*) und *üe* (*gefoure*). Das kurze *e* wird nicht selten *ei* geschrieben (*vnreicht*, *nackeit*), ausnahmsweise *ey* (*heylen* = *heln*) und *y* (*hyln*). *w* steht manchmal für *v* (*wur* = *vür*, *wusen* = *vüezen*); *s* und *z* wechseln ganz beliebig (*gewiz*, *dez*, *grose*, *bas* etc.). Den Gedanken, hier zu normalisieren, habe ich wieder aufgegeben, weil bei den zahlreichen *is iz* bzw. *iz is* nicht auszumachen war, welches von beiden das Pronomen und welches das Verbum ist.

Die Abkürzungen werden aufgelöst. Wo die Lesung zweifelhaft sein könnte – das gilt vor allem für einige Nasalstriche –, steht die hs. Form im ersten Apparat. Für *vn̄/un̄* wird regelmäßig *vnd/und* geschrieben, unabhängig davon, ob das Wort ein- oder zweisilbig zu lesen ist. Da die Schreibung *vnd/und* weder in *A* noch in *B* vorkommt, ist eine Verwechslung ausgeschlossen. Wo die Hss. die zweisilbige Form ausschreiben, folge ich ihnen.

Großgeschrieben werden die Initialen und – gegen die Hss. – alle Eigennamen. Sonst werden in *A*, ohne Rücksicht auf die Willkür des Schreibers, Vers- und Satzanfänge regelmäßig kleingeschrieben; aus *B* dagegen übernehme ich gelegentliche Großbuchstaben am Versanfang, die dort eine gliedernde Funktion innerhalb der Kapitel zu haben scheinen.

In der Worttrennung schließe ich mich ziemlich eng den Handschriften an, auch in bezug auf die Negationspartikel; nur Präfixkomposita mit *ge-*, *be-*, *er-*, *ver-*, *zer-*, *ent-* und Zusammensetzungen mit *un-* werden stets zusammengeschrieben. Umgekehrt trenne ich selbständige Wörter, wo eine beabsichtigte Kontraktion nicht anzunehmen ist, und schreibe z. B. *heyligen geist* (4), obwohl in der Hs. beide Wörter dicht zusammenstehen. Alle weiteren Besonderheiten (auch die Fälle, wo Enklise zu vermuten ist: *aldin* 73, *ladich* 777 etc.) sind im ersten Apparat vermerkt.

Die Interpunktion ist den modernen Regelungen angepaßt.

Unleserliche Buchstaben sind durch ++ bezeichnet; wo Hoffmann mehr lesen konnte als ich, ist das im Apparat notiert; manchmal scheint er allerdings mehr seiner Intuition als seinem Auge gefolgt zu sein. Auslassungen sind durch . . . bezeichnet.

Ich zähle 1209 Verse, zwei weniger als Haupt-Hoffmann, die an zwei Stellen (v. 306 und 443) Ausfall eines Verses annahmen, wo nur der Reim verderbt ist. Tatsächlich erhalten sind nur 1205 Verse von Elmendorf: 1203 in *A* und zusätzlich zwei in *B* (v. 374. 378). Vier ausgefallene Verse in *A* (v. 42. 314. 328. 797) – die sich dadurch zu erkennen geben, daß dort der zweite Vers zum Reimpaar fehlt – habe ich durch . . . markiert und mitgezählt.

8. Literatur

Wernhere von Elmendorf. [Hrsg. von Heinrich Hoffmann von Fallersleben.] – In: Altdt. Blätter 2. 1840. S. 207–210

Wernher von Elmendorf. [Hrsg. von Heinrich Hoffmann von Fallersleben.] – In ZfdA 4. 1844. S. 284–317

Elias Steinmeyer: Elmendorf. – In: Allg. dt. Biographie. Bd. 6. – Leipzig 1877. S. 59

H. Hoefer: Quellennachweise zu Wernher von Elmendorf. – In: ZfdA 26. 1882. S. 87–96

Heinrich V. Sauerland: Wernher von Elmendorf. – In: ZfdA 30. 1886. S. 1–58

Anton E. Schönbach: Die Quelle Wernhers von Elmendorf. – In: ZfdA 34. 1890. S. 55–75

Edward Schröder: Zu Wernher von Elmendorf. – In: AfdA 17.
1891. S. 78–79

Anton E. Schönbach: Zu Wernher von Elmendorf. – In: AfdA 17.
17. 1891. S. 344

Otto Behaghel: Schriftsprache und Mundart. Akad. Rede. –
Gießen 1896

Gustav Roethe: Die Reimvorreden des Sachsenspiegels. – Berlin
1899. (= Abhlgg. der Kgl. Ges. der Wiss. zu Göttingen. Phil.-
hist. Kl. N.F. 2. Nr 8.)

Edward Schröder: Zur Datierung des Wernher von Elmendorf. –
In: AfdA 54. 1935. S. 208

Albert Leitzmann: Zu Wernher von Elmendorf. – In: ZfdA 82.
1948/50. S. 64–72

Hans Eggers: Wernher von Elmendorf. – In: Die dt. Literatur
des Mittelalters. Verfasserlexikon. Bd. 4. – Berlin 1953.
Sp. 914–920

Joachim Bumke: Die Auflösung des Tugendsystems bei Wernher
von Elmendorf. – In: ZfdA 88. 1957. S. 39–54. – Wieder
in: Ritterliches Tugendsystem. Hrsg. von Günter Eifler. –
Darmstadt 1970. (= Wege der Forschung. 56.) S. 401–421

Joachim Bumke: Zur Überlieferung Wernhers von Elmendorf:
Die alten Fragmente. – In: Festg. für Ulrich Pretzel. – Berlin
1963. S. 33–42

Martin Last: Die Herkunft des Wernher von Elmendorf. – In:
ZfdPh. 89. 1970. S. 404–418

Die im zweiten Apparat aufgeführten Besserungsvorschläge von
Haupt, Hoefer, Leitzmann, Roethe, Sauerland und Schönbach
sind den im Literaturverzeichnis genannten Arbeiten entnommen.
Die Vorschläge von Kienast und Pretzel verdanke ich mündlicher
Mitteilung.

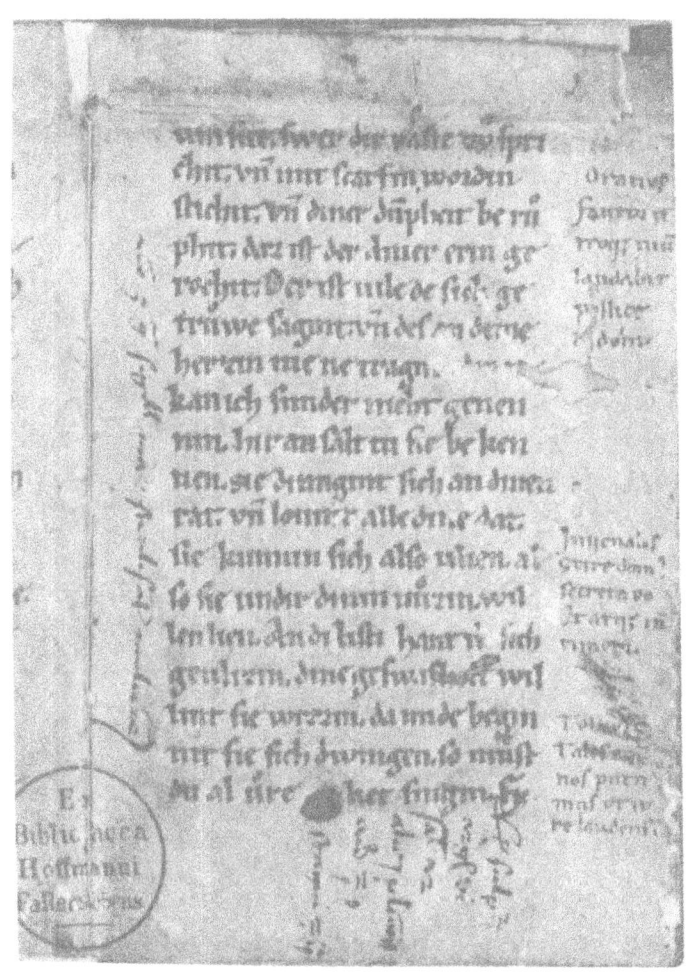

Abb. 1.
Berlin (Staatsbibl. Preuß. Kulturbesitz), Ms. germ. oct. 226, f. z[r].

Der fm vil di ſich getruwe ſagen
vñ das an deme heen mehr eſſen
Der m kan ſich ſundir mehe ge
hi an ſaltu ſi bekomē.   nemiē
ſi drigen ſich an dynen rat
vñ loben alle dine tat
ſi kunen ſich alſo dien
alſe ſi vnd' dmē wuſſ wellē lien
an di lut han ſi ſich gekuren
di geſwas heit wollen ſi wiſſen
da mit beginet ſi dich ewmgē
ſo miſtu allir liet ſingen
h is wis d' di zungen midet
di vor ſalbir vñ nach ſindet
vil ſuze iſt ire geooſſe
daz ende wirt dicke boſe
mame iſ d' ſich inne vſumer
alſ mā m loben beginnet
vñ denket an ſine gemure
is kume von ſiner gute
vñ von ſiner ſinne keit
vñ kumes zu groſer erbeit
des mugit ir biſpel hozen
derege metozs
Dis ſprache von mieden riche
daz biſpel warme vns allegli
Herſes was d' kume genāt. che
ſm bot ſine volke das eichmlāt
wāne m der beduchte
daz h is wol brengen muche
alſer d' umma zu beſan
h ſamenet ſine beiste man

vñ redete mit̄ im stille
h̄ sagete in sime wuillen · lebē
h̄ sprach hi vmbe wil ich wuers rater
do entwarte im ein sin rat gebe
heil du bume hirre min
sele mustu vmmer sin
so ne mugen sich di erebi nicht bereite̅
daz si dmer wolangzt erbeiten
vor vahr wil ich dir iz sagen
zu d'flucht welle si sich gehaben
e wir in daz lant kumen
an dirs in mac in mehr gestume̅
diz is al min bummir
do sprach ein andir
so hem angist han ich so groz
so von daz lant vnten bloz
vñ wel di burge veste
so ne wen ich wen dise edele geiste
ire manheit bescheiden
den lamir mac ich wemen
diz iz al min kummir
do sprach ein andir
is wirt ein groz gedrenge
den mere is vns zu enge
vnser schif hire in mac ez mir gerrass
diz ist al min angist daz ich habe
daz wurrit mir dar vndir
do sprach ein andir
al ein han ich iz lange verborgen
doch sage ich wes ich sorge
hi is zu reste komance ruer gemen
daz ich in wes nehen wolt so bicit

Oiner rede hat ich gedacht,
di het ich gerne vollinbracht.
do zcu bedarf ich einer volleist.
di such ich an dem heyligen geist,
5 daz er mich dar an beware,
vnd swer si gehore, daz er so geuare,
so ez sye sin frume vnd sin ere.
daz dichtet der phaphe Wernere,
von Elmindorf der capelan,
10 vnd hatez durch daz getan,
wandez ane gebot vnde bat
der probist von Heligenstat,
von Elmindorf her Diterich.
da zcu demuteget her sich
15 vnd liz mich in sinen buchen
di selbe re++e suchen.
nv sta ich zu uwir allir gebote,
daz ir mir gnaden helf*it* zu gote.
wenit, daz ich iz an mime hercen funde.
20 der rede han ich gut vrkunde.
vnd *allein* ist daz vrkunde heyden,
dar vmme lazet v di rede nicht leyden.
ich sage vch durch welche not.
wando Salomon dem tragen menschen geboth,
25 her sprach: 'sich in der ameicen schure:
di spise wirt ir nvmmer ture.

---

1 Diner *Hoffm.*
16 re++e *zwei Buchstaben
radiert;* rede *Hoffm.*
18 helfilt.

21 allein] allim.
25 ameicen *das erste* e *undeut-
lich;* amciten *Hoffm.*

---

4 dem] den *Pretzel.*
11 ane] ime? *Haupt.*
18 helfet *Haupt.*
19 wænet ir? *Haupt.*

21 allein (*ohne* vnd) *Haupt.*
ist] sî *Pretzel*
25 in] an? *Haupt.*

si samenet in der erne also vile,
daz si al daz iar lebit mit spile'.
waz meinet her do mite?

30 daz wir besseren vnsir site
vnd der tugende so vil zcu samene lesin,

1rb   daz wir vmmer mit gnaden wesen.
sol ich an ein wurmelin sien,
wi ich den vntugenden sule inflien,

35 so muz ich an eime heyden wol merke+,
. wi ich nach den tugenden sule wirken.
ouch en sit dez nicht ane wane,
ich ein habez ouch durch daz getan,
daz sich alle di schamen,

40 di sich in cristeneme namen
zcu den bosheyden keren

. . . .

iz ist manic cristen man,
der gnuck wisheit kan

45 vnd si an sich selben *niene* keret,
noch eyner den anderin nicht leret
vnd in tut doch so vile,
daz her si mit lust oder mit spile
an ein blat gescribe,

50 daz man sin gedenke nach sime libe.
diz ist ein iamir vil grose.
also lerit ein †gedene† sinen gnoze.
daz mach man wol versuchen
in den heydenischen buchen.

---

35 merken *Hoffm.*   45 niene] inne *oder* nine.
42 *keine Lücke.*

---

33 eim *Haupt.*   45 niene *Haupt.*
38 ich enhabez *Haupt.*   47 doch nicht *Leitzm.*
41 der bôsheide *Leitzm.*   52 gedene] heiden? *Haupt.*

55 iz in hilft vbir al nicht,
daz man enburnet eyn licht
vnd besturzit iz vndir eyn vaz:
so in sehet niman deste bas.
ouch ein sal her nvmer riche werden,
60 der sinen schatz begrebet vnder der erden.
diz selbe gedute
get an di lute,
di di anderin wol gelerin kunnen
vnd in der selikeit nicht gunnen.

1va 65 doch in ist ez so nicht bliben.
vns si also vil gescriben
von vnserin heyligen voruarin,
daz wir di sele wol mugen bewarin,
nv denke ouch zcu deme libe,
70 daz ez vmbewarit *niene* blibe.
wanne wirt er in den eren erzogen,
so blibet di sele vmbetrogen.

Dv salt beuelin al din leben
vil getruen rat geben.
75 dez warnit dich alsus
der wise man Salustius,
her spricht: ,so gach si dir zu keiner tat,
dune suches e diner frunde rat.
du tust anderes lichte, daz dir nicht touck'.
80 Salomon her sprichet ouch:
,dine ougen sullen dine werc bewarin'.
daz sprichet: der rat sal vmmer uor uarin.

---

70 niene] inne.   77 spiricht.
73 Nv *vorgezeichnet:* d.   aldin.

---

59 ensal *Haupt.*   71 er] ez *Leitzm.*
66 ensî *Leitzm.*   80 her] der *Haupt,* her Salomon
70 niene *Haupt.*   *Pretzel.*

dri sachin horen an den rat,
da by alle tugent nu stat:

85 daz eine daz is ere, daz ander frome,
daz dritte, wi man do zu kome,
daz man durch liebe noch leyde
ere vnd frome vmmer nicht gescheyde.
waz solden si sundir?

90 irne wedir in touc ane *daz* andir.

Tvlius sprichet von deme ratgeben,
her sulle selbe wislich leben
vnd sulle an allen sachin vor sehen,
waz da nach muge geschen,

1vb 95 waz zu beiden handen muge komen,

---

90 daz] dar.

B

1^r 87 . . . . noh durch leide
ere unde frŏme nimir ne scheide.
waz soldin si sundir?

90 ir ne wedir ne doch ane daz andir.

C. VI

Tullius sprichet uon deme rat geb++,
er sule selue wisliche leuin
vnd sŭle an allin sachin uore sehin,
waz dar nach muge geschien,

95 waz ze beidin handin muge kŭmin,

---

91   ratgebin *Hoffm.*

4

beide zu schaden vn*d* zu fromen,
daz her da nach nicht in durfe sagen,
als man den schaden beginnet clagen,
daz her dez lutzel dechte,
100   daz *ez* also kumen muchte.
her schamet sich ouch zu spate
nach dem schedelichen rate.

Dan abir sprichet alsus
der wise man Bohetius:
105   ,iz in kumit nicht zu der wisheite,
daz man sich donach breite,

---

96 vn.   102 schedelichē.
100 ez] h^s.   muchte *das* u *un-*   103 Dan] Man.
deutlich; machte *Hoffm.*

---

103 Wan aber *Haupt.*

---

beide ze scaden vnd ++++++++++++,
+++++++ dar na nicht ne durue sagin,
also man den scaden beginnit clagin,
daz er des lutzel dechte,
100   daz iz also kumin mochte.
er schamit sich ouch ze spate
nach deme schedelichin rate.
Dan aue sprichit alsus
der wise man ++++++++++++:
1^v   105   ,++++++++icht z° der wisheide,
daz man sich darna bereide,

96f. ze scaden uñ ze frůmen   104f. der wise man boetius:
Hoffm.; wahrscheinlich   man kumit nıcht *Hoffm.;*
stand dahinter noch: *ich vermute, daß dort*
daz er.   *eher stand:* iz ne kumit
                                    nicht.

daz nu geschaffin ist:
man sal daz ende prufen mit rechter list'.
valschir frunde der ist vile,
110 da wur hute dich zalleme spile,
wenne suchez tu iren rat
vmme eine scheideliche tat,
sine wellen dinen zorn nicht erarnen,
daz si dich dines schaden gewarnen.
115 an dine wort wellen si ien,
dar an machtu ire bosheit wol sen.
si flizent sich alle geliche,
welcher dich aller suzelichis beswiche.
diz iz allez dem . . . . vil na:
120 des warnit dich Seneca.

119 *keine Lücke.*

---

daz nu gescaffin ist:
man sal daz ende průuin mit rehtir list'.
Valschir urunde der ist uile,
110 dar uore hůte dich ze alleme spile,
wande suchistu ůren rat
umbe eine schediliche dat,
si ne willint dinin zorn also nit erarnen,
daz sie dich dinis schaden gewarnin.
115 an din wort willint sie iehen,
dar an macht dů ůre bosheit wole gesien.
sie ulizint sich al geliche,
wilichir dich allir sůzlichest beswiche.
diz ist al deme uirretnisse uil na:
120 des warnit dich Seneca.

6

nv merke ouch da mite
der getruwen ratgeben site:
swer dir vaste zu sprichet
vnd mit scharfen worten stichet
125 vnd dich diner dumheit berufit,
daz is der diner eren *geruchit*.
der sin vil, di sich getruwe sagen
vnd dez an deme hercen nicht tragen.
der in kan *ich* sundir nicht genennen,
130 hi an saltu si bekennen:
si dringin sich an dinen rat
vnd loben alle dine tat.
si kunnen sich also flien,

126 gebruchit.   129 ich] sich.

127 sin] sint *Haupt*.

C. VII

Nv merke ovch damite
der getruwen rat geuin site:
swer dir vaste zů sprichit
vnd mit scarfin wordin stichit
125 vnd diner dumpheit berůphit,
daz ist der diner erin gerochit.
Der ist uile, de sich getrůwe sagint
vnd des an deme herzin nie ne tragint.
der ne kan ich sunder nicht genennin,
130 hir an salt tu sie bekennen:
sie drangint sich an dinen rat
vnd louint alle dine dat.
sie kunnin sich also ulien,

alse si vnder dinen wusen wellen lien.

135 an di list han si sich geflizen:
di geswasheit wollen si wiczen.
da mit beginnent si dich twingen,
so mustu all ir liet singen.
her is wis, der di zungen midet,

140 di vor salbit vnd nach snidet.
vil suze ist ire gecose,
daz ende wirt dicke bose.
manic is, der sich *niene* versinnet,
als man in loben beginnet,

145 vnd denket an sime gemute,
is kume von siner gute
vnd von siner frumekeit,
vnd kumez zu groser erbeit.

---

138 allir.   143 niene] inne.

also sie undir dinin uûzin willen lien.

135 An di listi hant sie sich geulizin:
dine geswasheit willint sie wizzin.
da mide beginn*int* sie *dich* dwingen,
so mûst du al ûre liet singin.

2ᵛ   He ist wis, der die zungin midit,

140 die uor saluit und nach snidit.
uile sûze ist ûre gekose,
daz ende wirt dikke bose.
Manich ist, der sich nie ne versinnet,
also man in louin beginnit,

145 vnd denkit an sineme gemǔde,
iz kume uon sinir gǔde
vnd uon sinir uromicheite,
vnd kumit is ze grozir arbeite.

---

137 beginnit sie sich dwingen.   139 He *undeutlich;* Er
                                      Hoffm.

8

dez mugit ir bispel horen

150   de rege Medorum,

daz spricht: von Meden riche.

daz bispel warnit vns alle gliche.

Merses waz der kunic genant;

her inbot sinem volke in daz Crichinlant,

155   wanne in des beduchte,

daz her iz wol brengen muchte.

alser der unmaze began,

her samenet sine beiste man

---

150 Derege.
154 sine̅.

155 in des *mit Schnörkel zum*
       i-Strich; merdes *Hoffm.*
157 unma zu began.

---

156 volbrengen *Leitzm.*

157 unmâze *Haupt.*

---

des mugint ir ein bispil horin

150   de rege Medorum,

daz quit: uon deme kuninge uon Medint riche.

daz bispel warnit unsich geliche.

Capit. VIII

Perses was der kuning genant;

er inbot sin uolcwich in daz Krich lant,

155   wan . . . .

---

153 Xerxes *Haupt.*
154 uolcwich] volc *Pretzel.*

155   *Ende des ersten Fragments.*

vnd redete mit in stille.

160 her sagete in sinen willen,
her sprach: ‚hi vmbe wil ich *uwers* rates leben‘.
do antworte im ein sin rat gebe:
‚heil du kunic, herre min,
selic musiz du vmmer sin.

165 so ne mugen sich di Crichin nicht bereiten,
daz si dines vol*c*wigis erbeiten.
vor war wil ich dir iz sagen:
zu der flucht wellen si sich gehaben,
e wir in daz lant kumen.

170 andirs in mac in nicht gefrumen.
diz is al min kummir‘.
do sprach ein andir:
‚nehein angist han ich so groz:
so wir daz lant vinden bloz

175 vnd itel di burge veste,
sone weiz ich, wan dise edelen geiste
ire manheit bescheiden.
den iamir mac ich weinen.
diz iz al min kummir‘.

180 do sprach ein andir:
‚is wirt ein groz gedrenge:
daz mere iz vns zu enge,
vnser schif herre in mac ez nicht getragen.
diz ist al min angist, daz ich habe.

185 daz wirrit mir dar vndir‘.
do sprach ein andir:
‚al ein han ich iz lange vorborgen,
doch sage ich, wes ich sorge.

---

161 uwers] wuers. 183 schif   h^sre.
166 volwigis.

---

176 wâ . . . geste *Haupt*. 183 schifhere *Haupt*.
177 bescheinen *Haupt*. 184 daz] die *Haupt*.

10

hi is zu rosse so manic riter gemeit,
190 daz ich in wez nehein velt so breit,

2va   ob iz in volcwigis gestadete,
daz ez vmmer icht grunes me geladete.
diz ist al min kummir'.
do sprach ein andir:
195 ,ich muz nu sprechen zu leistz,
wand ich in kan iz nicht allir best.
ouch lide ich iene not
– talanc in hortich neheine also groz –:
swenne wir beginnen sciezen,
200 wi iz der himil sulle geniezen.
iz is da mit al getan:
der luft in mac vnsir gescoz nicht vntfan'.
di heriscraft sagetin si so groz,
daz der kunic wenit sin der gote gnoz.
205 sin gemute begunde do stigen.
do ne mochte nicht langer geswigen
Demerat der alde.
der sprach do vil balde,
alser wol wiste,
210 daz ez komen solde zu letzste:
,herre, bistu dez gewiz,
daz here, daz hi gesamenit iz,
daz du an furchtin macht
dich verlazen an sine craft?
215 nicht in ist so starc uf der erden,
ez en muge verwnnen werden.
vnd so daz here ist von grozeren creftin,

---

196 wan dich.   207 *nach* der: alle d^s sprach
202 gescor.   *getilgt.*

---

190 enweiz *Haupt.*   197 iene] eine *Haupt.*
192 geladete] gehabete *Haupt.* 202 gescôz *Haupt.*
195 ze leste *Haupt.*   207/225 Dêmârât *Haupt.*

11

so man iz wirs mage berichten.

vnd swanne man iz berichten nicht in mac,

220 so beginnet dir der lediste tac,

der dir ie quam zu handen:

so wirdistu zu maze dinen vinden.

berichte dich nach der heren gelfe,

du verheisches wol, waz iz helfe'.

2vb 225 diz sprach der alde Demerat,

vnde also quam ez an der tat,

daz der kunic sin ere verlos.

kumme intran er sigelos.

Nv merke an disme gedichte,

230 wedir man mit mereme rechte

volge zu den erin

den valschin lugenerin

oder den stetin luten,

di di warheit wol kunnen beduten.

235 bistu rechte becant,

du veres zu der bezzeren hant.

ouch wil ich dich lerin,

dez du bedarft zu diner erin.

alle tugent saltu minnen,

240 daz saltu an deme rechten beginnen.

daz recht iz ein sulich tugent

– alsir alle merken wol mugent –,

daz niman iz so bose,

den ein andir so wil *genose*,

---

228 in tran.   244 genofe.
240 rechte.

---

220 leidiste *Haupt.*   244 dem ein andir so wil genozen?
222 mazze . . . vîanden *Leitzm.*   *Schönb.,* vil geneise *Haupt,*
238 dînen *Leitzm.*   vil genôse *Roethe.*
240 rechte *Leitzm.*

12

245 mac her sin recht erstriten,
er lezet ime vngerne engliten.
o wi manic den anderin verstie*ze*
vnd im dez sinez nicht lieze
vnd in almetalle verdrunge,
250 ob in des recht nicht twunge.
nicht in hat vns di natura bescheiden
me denne den vihe an der weiden.
si gab vns alle dinc gemeine.
do begreif sumelich al eine,
255 dez manic leben muchte.
dar vmme satzste man daz gerichte,
daz man vngerechte lute twunge,
daz igelich den anderin nicht vordrunge.

3ra swer da gerichte hat gerne,
260 dem is ist gut, daz her lerne,
wi der arscit tut mitten wunden.
is da dehein gelide sich vnder den gesunden
vnd geset er, daz ez nicht mac genesin,
so sal erz also gereit wesen,
265 daz er mit sineme wafene ablose.
ez machit anderiz allin den lib bose.
diz getriffet zu den bosen wichten,
di da niman mac berichten.
di sol man von den tagen tun,
270 daz gute lute mugen gerun.
ouch wil ich dich lerin,

---

247 owi   *aus* owe *gebessert.*   265 si neme.
v^sstiezen.

---

246 lezet ez *Haupt.*   254 do] sô *Pretzel.*
247 ô wie *Leitzm.*   263 gesihet *Haupt.*
   verstieze *Haupt.*   264 ers *Leitzm.*
250 des] daz *Haupt.*   265 erz *Haupt.*
252 dem *Haupt.*   weide *Leitzm.*

waz Seneca sprichit von den richterin:
daz er also dicke schuldick si,
alse manigen schuldigen er lezet vri,

275 wander also zcu gerichte sal sitzen,
daz in brengen von sinen witzen
wedir gut noch zorn.
durch di wirt manic rech urtil virkorn.
vnd lidet man manige uorchte,

280 dez man nicht dorfte,
si teten kurcer rede zva.
sus saget vns Seneca:
,der di mochte gestillen,
di lute heten al iren willen'.

285 daz spricht: wene min vnd din,
di lute mochten al mit gemache sin.
teilete al geliche,
wir werin al ebenriche.
sone dorfte niman ermeliche lebin.

3rb 290 nv muz der riche dem armin gebin.
daz sint allir tugende meiste
vnd kumit von eime milden geiste.
mildekeit iz ein tugent,
di ir alle gerne minnen mugent.

295 si tut dich ein anderin des gunnen,
dez tu mit pinen has gewunnen.
si ne lezet dich frume haben nicht gerin,
din eigen tut si dich wol enperin.
o wis leidir manic tumme,

---

275 wan der *Trennung undeut-* 281 kurcer *oder* kurter. reda.
lich. 297 habē *Nasalstrich undeutlich.*

---

272 dem rihtære *Haupt.* 287 teilete man *Haupt.*
280 endorfte *Leitzm.* 297 frume haben] fremder
281 sine? *Haupt.* si teten] habe *Haupt.*
  netete *Kienast.* 299 o wis] nu ist *Haupt,*
285 wene] enwære *Pretzel.* ô wie is *Leitzm.*

14

300 vnd nicht weiz hier vmme
     vnd wenit sich kerin an di mildekeit
     vnd begrifit sich mit der ilekeit.
     dar an iz er so vnforsunnen.
     daz ime sine vorderin hetten gewunnen,
305 daz vorgebit er zu vnstunden
     vnd wirt so mit kummere verladen,
     daz er sich dar uz in kan nicht intwirk+.
     daz saltu rechte mirken,
     vnd wiltu mir ichtez getruwen,
310 vffe disen grunt saltu nicht buwen.
     manic hat daz zcu sitin:
     als man in beginnet biten,
     so wirt er dinster umme sin ougen
     . . . .
315 si dunkit in vnnutzze,
     so wiset er ein vnfrolich antlitze.
     diz kumit von einer siner gute,
     so claget er sin armute.
     groz angist get in ane,
320 gerne wer her danne,
     er get here vnde dare.
     so wirt der ander wol geware,
     daz da nicht in ist gewunnen.
     dez siten wil ich dir nicht gunnen.

3va   325 Is daz du gesis den armin,

---

307 intwirken *Hoffm.*   325 Is *die Initiale fehlt;* j *vor-*
313 dinter.   *geschrieben.*
314 *keine Lücke.*

---

300 vnd] der *Leitzm.*   324 des sites *oder* der siten
305 unstaden *Leitzm.*   *Leitzm.*
306 „ein Vers fehlt" *Haupt.*   325 gesihest *Haupt.*   den] ein?
313 dinter *Haupt.*   *Kienast.*
317 deheiner? *Haupt.*

so laz en dich erbarmin
mit dinem gutem willen
. . . .
du in salt im nicht gestaten.
330 den hungerigen saltu saten;
is er nackeit, gib im daz cleit.
ein wort weiz ich so leit
noch zcu sprechene so schemeliche,
so daz wort ‚ich bite dich‘.
335 an deme gebene ist nicht so gutes,
so daz man neme vnd gebe al eines mutes.

Manic man bitet dur*ch* not
vnd wirt zu hant von scamen rot.
dar an tut er wol schin:
340 her liez ez gerne, mochtes sin.
o wi selicliche er tete,
der deme *gebe*, e dan her bete,
daz her dez schamin erlazen were;
sone weiz ich keine gabe so danc bere.
345 is sint allir schanden meiste,
daz man vil gelobe vnd lutzil leiste
vnd di lute mit schoner rede leite.
manigeme iz liber, e er zu lange beite,
daz man im zu hant versage,
350 dan er ein itele hoffenunge trage.
swer dan get inrichte,

---

327 din̄.
328 *keine Lücke.*

337 durcht.
342 deme ge e.

---

328 saltu in gestillen *Pretzel.*
329 im nicht gestaten] sîn niht
gespoten? *Haupt,* im ubele
gestaten *Pretzel.*

332 dehein *Haupt.*
342 deme armen? *Kienast.*   gæbe
ê *Haupt.*
351 gît *Haupt.*

16

der zwiualdiget sine gifte.

Noch wil ich dich lerin,
dez zu bedarft zu dinen erin.
355 din gut gib nicht zu rome
noch zu vil wider dime richtume.
verermistu dich mit gufte,
3ᵛᵇ   da nach volget vil lichte,
daz dir vbele mac gezemin.
360 so mustu eineme anderin nemin,
daz du den anderen hates zu gebene.
daz gezimit ubil gutes mannes lebene.
vnd ienen, den du minnes
mit dem gute, daz du sus winnis,
365 er in ist din frunt nicht vil deste baz.

---

361 an deren.

B

3ʳ 356 . . . . me.
uirermistu dich mit gifte,
dar na uolgit lihte,
daz dir ubele mach gezemin.
360 so mostů danne einime nemin,
daz tu den anderin hast ze gebene.
daz gezemit ꝩbile gŏtis mannis lebene.
vnd ginen, den tu minnis
mit teme gůde, daz tu sus gewinnis,
365 er nist din urunt nicht uile deste baz.

von deme anderin hastu steten haz,
dem du sin gut hast genumin:
des wechseles machtu gerne abe kumin.

Noch sol ich dich lerin,
370 dez du bedarft zu dinen erin.
also setzze din gemute:
dustu imanne keine gute,
dez du *niene* genuzis,
. . . .
375 du weris ouch vil vnforsunnen,
swo du den frunt mit diner cost hetes gewunnen,
daz du in verluris mit diner zunge.
. . . .

---

366 anderi.   374 *keine Lücke.*
373 niene] inne.   378 *keine Lücke.*

---

uon deme anderin hastu stedin haz,
deme du sin gůt hast genůmen:
des wesselis machtu gerne abe kumin.

XXIIII.

Noch sal ich dich lerin,
370 destu bedarft ze dinin erin.
also sizz+ din gemůde:
důstů imanne dicheine gůte,
destů nie ne genůzis,
sich, daz du iz ime nit ne uirwizis.
375 du weris ouch uile unuersunnin,
so du urunt mit diner kost hetis gewunnin,
daz du si uirloris mit dinere zungin.
diz widir radin ich aldin unde iungin.

---

371   sizze *Hoffm.*

18

Noch sol ich dich lerin,
380 westu bedarft zu dinen erin.
beginnet dir iman sin not clagen,
deme saltu mit arclisten nicht vorsagen
keine bete,
alse der kuninc Antugenes tete,
385 do in ein durftige eines pundis bat.
er sprach: ,so groz were dir nicht gegat‘.
dò bat er in eines cleinen dinges,
eines einiges phenninges.
,dez mochte ich mich‘, sprach er, ,schamen
4ra 390 mines kuniclichen namen,
daz ich gebe also *cleine*‘.

---

384 an tugenes.   391 cleine] deme.

---

382 arcliste *Leitzm.*

XXV.

Noch sal ich dich lerin,
380 destu bedarft zu dinin erin.
beginnit dir iman sine not clagin,
deme ne salt tů mit argen listen nit uersagin
necheine bede,
alse der kunink Antigonis tede,
385 do in eine durchtige einis pundis bat.
er sprach, so groz ne were ime nit gegat.
4^r do bat er einis cleinin dingis,
einis einigin penningis.
,des mochtich mich‘, sprach er, ,schamin
390 minis kunincligen namen,
daz ich geue also cleine‘.

382f. deme ne salt tů nit uersagin/
mit argen listen necheine
bede *Pretzel.*

sus in tete*r* siner bete keine.
,daz weiz go*t* der riche,
er uersagete mir bosliche.
395 ob er ez gemirken kunde,
er in gebe mir nicht zcu vil an eineme phunde
durch sine kunicliche ere'.
noch ouch des nicht zu lutzil in were,
daz er im einen phenninc tete,
400 so in ein durftige bete.
michil baz tete ein ander,
der kunic Alexander.
do in ein arme gnadin bat,
er gab im wol gebuete stat.
405 des ginc den armen angist ane,

---

392 tete siner.   395 gemir ken.
393 weizgo.   401 *nach* tete: ander *getilgt*.

---

sus ne teder siner bede necheine.
daz weiz got der riche,
er uirsagete ime bŏsliche.
395 ob er iz gemerkin kŏnde,
er ne geue ime nit ze uile an einin punde
durch sine kuninclichin ere,
noch ouch des ne luzil ne were,
daz ir ime einin pinninc tede,
400 so in ein durchtige bede.

XXVI.

Michil baz dede ein andir,
der kuninc Alexander.
do in ein armir genadin bat,
er gab ime eine wole gebuwete stat.
4^v 405 des ginc den armin angest ane,

er in waz der almusen nicht gewone,
er waz arm vnd bloz.
er sprach: ‚mir negecimit keine gabe so groz‘.
do sprach der kunic riche:
410 ‚ich in ruche, waz dir geliche.
waz achtich uf dinen cranc lebin?
ich weiz wol, waz mir cimit zu gebin‘.

Noch sal ich dich lerin,
dez du bedarft zu dinen erin.
415 daz saltu kunnin begatin,
wedir dine habe zu merin statin

---

er ne was der almŏsin nit gewane,
er was ein mennische arm und bloz.
er sprach: ‚mir negecimet nechein gabe so groz‘.
do sprach der kuninc riche:
410 ‚ine rŭche, waz dir geliche.
waz achtich uffe dinin krangin lebin?
ich weiz wol, waz mir gezimet ce gebin‘.

XXVII.

Noch sal ich dich lerin,
des du bedarft zu dinin erin.
415 daz saltu kunnin begadin,
wedir dine habe ze merin stadin

keris an des armin gute
oder an *des* richen obirmute.
der riche wil dir liebe han getan,

420 daz er dine habe wil inphan.

4rb er denket ouch do bi,
daz er von sime gelucke kumin si.
so hastu im ein groz dinst getan.
ich in weiz, waz ez dir muge uerstan.

425 du wenist zu hant fruntschaft vinden,
si werit selden von dem vater zu dem kind*e*.
gesistu einen armen,
daz schinit alse si dich al erbarmin.
ez komit ouch also:

---

418 des] daz.   426 kinden.

---

422 er] ez *Haupt.*   426 dem kinde *Leitzm.*

---

keris an des armin gude
odir an des richen obirmůde.
der riche wil dir liebe han getan,

420 daz er dine gabe . . . .

---

420   *Ende des 2. Fragments.*

22

430 von hoffenunge werdin si alle fro.
du gewinnis nicht ire allir minne.
si wizzen daz wol in irem sinne:
swaz du in gibis dines gutes,
daz du iris dar vmme nicht vermutes;
435 wen daz din gnade eineme teit,
si hoffen, ez si in allin gereit,
swanne si iz an dich gesinnen.
hi saltu fruntschaft gewinnen.
von tummir minne saltu dich huten.
440 si lenget sich selden mit guten,
si kumit dicke zcu leide.
wil tu, daz ich dir daz bescheide?
manic wunschit siner *ammien*:
‚muste si eine sucht ligen!
445 daz ich dir doch so muse wisin!
di sucht wolde ich vmmer prisin‘.
so denket ein andir an si*me* mute:
‚eia, rechten gute,
solde si rumin daz lant;
450 mit ir wol ich zu hant.
lebir hette ich, daz si in ellende were,
daz ich ire nimmer +++++++++‘.

4va   so denket ein andir stille:

---

432 irē.
443 ammē.

447 sine.
452 nimmermere . . . *Hoffm.*

---

434 ? *Haupt.*
435 tuot *Haupt,* deit *Leitzm.*
439 von] vor *Haupt.*
440 gute *Leitzm.*
443 amîen *Hoefer.* „ein Vers
    fehlt" *Haupt.*
444 ligen] lîden *Haupt.*
445 dir] ir *Leitzm.*

447 sîne muoter *Haupt,* sîme mŭte
    Sauerland.
448 trehten guoter *Haupt,* rechte
    gŭte *Sauerland.*
450 wolde *Haupt.*
451 lieber *Haupt.*
452 . . . enbære *Haupt.*

,daz mere in ist nicht min wille,

455 daz sine me hete zu lebin,

wenne daz ich ir solde gebin.

so brechte si wol ininne,

mit welcheme hercen ich si minne'.

daz viande vndir in solden,

460 daz wunschin di tummen iren holden.

nv merke di selben minnen:

swi suzelichen si ire beginnen,

e si sich vmmer gelende,

si vnd der haz nemint al ein ende.

465 also me is ime zcu mute,

deme sin minne nicht wirt so gute,

alse deme, der sinen anden

nicht mac gerechen an sinen vinden.

nu lobich nicht vil baz

470 der tummen minne denne den haz.

Noch saltu ratis lebin:

vmmederbe gift in saltu nicht gebin.

do uolget ere noch frome na.

sus sagit vns Seneca:

475 ,lezistu scenken dinin win

den luten, die vertrungken sin,

---

454 minē.
459 vánde *das a undeutlich;*
    veinde *Hoffm.*
464 *nach* der: d *getilgt.*

468 sinē.
470 *nach* denne: daz *getilgt.*
472 v̄mederne.
473 *nach* uolget: er *getilgt.*

454 daz wære niht wider mînen
    willen? *Haupt,* mêre inis
    nicht mîn wille / wan daz?
    Leitzm.
455 si niene *Haupt.*
457 ich si *Leitzm.*
459 vîande *Leitzm.*

460 daz] des *Haupt.*
461 minne *Leitzm.*
462 si iergen beginne? *Kienast.*
465 me] wê *Haupt.*
468 vîanden *Leitzm.*
472 ummederve = unbederbe
    Hoefer.

24

ich ein weiz, waz dirz me geniezis,
wene ob du wazzer in den Rin gizes'.
gib dem manne des er gere,
480   in deme gemute gewere.
daz siet er dicke mit dem hercen ane.
is ist schande, daz man siner gift mane.

Dv weist wol, welcher maze
4vb ++++++++ in salt vnd lazen.
485   nv lerne och da bye,
daz *ez* dir al zu danke sye,
swaz dir ieman gibet sines gutes.
danke im froliches mutes.
daz saltu tun obir lut
490   † me danne iz so trut †
her geciemit och wol vndir holden.
doch in ist di gabe nicht so vergulden.
gutes willen danke mit worten,
wider gift sal man gabe warten.
495   bistu abir mit dem gelde zu ga,
so uolget dir daz da na,
man sprichet, du weris mit einer burden verladin.
von di beite vnd warte scaden.
daz sage ich dir zu ware.
500   is fuget sich nicht zware,
daz man mit der wider gifte also iage
als ein campslac wider slage.

---

478 rin] vin *Hoffm.*   486 ez] er.
485 *nach* da : d *getilgt.*

---

477 enweiz *Haupt.*   waz du es   486 ez *Haupt.*
      mê geniuzis *Kienast.*   490 ? *Haupt,* ê dû dankis *Leitzm.*
478 wîn? *Haupt,* Rîn *Sauerland.*   danne] danc *Kienast.*
479 manne nicht *Sauerland.*   498 von diu *Leitzm.*   vnd] oder?
484 du geben salt? *Haupt.*   *Kienast.*

wi kurz di minne in dem hercen belibet,
da ein di ander vs tribet.

505 Noch sal ich dich lerin,
dez du bedarft zu dinen erin.
wirt din frunt beclaget in gerichte,
daz im zu schaden kumin mochte,
mac er diner vorsprechin icht genisen,
510 dez in sal dich nicht verdrisen.
vnd sehe, daz *du* den einen so vorespreches,
daz du den anderin in keinen kummer nicht steches.
wil man einen man enterben

5ra   odir dez libes alsus verterben,
515 mach tu in den icht gutes gelerin,
daz komit dir zu allen erin.
mac er dich zu vorsprechin gewinnen,
da mit in tustu nicht wider des clagers minne.

Noch saltu daz merkin:
520 wil ich iemanne an sine ere wirkin
vnd wil ich dir clage bevelin
— daz in wil ich dir nicht heilen —,
machtu iz mit rechte vntgan,
di clage in saltu nicht bestan.
525 daz teil saltu gernir kisen,
daz tu hilfis behalden dan verliesen.
wande nieman iz so wise,
er komis zu grozeme vnprise,
wande man kerit allen rogeren

---

511 du] di.

519 *nach* m^skin: w *getilgt.*

507 ein din frunt? *Kienast.*
509 diner vorsprechin] dîn ze
    vürsprechen? *Haupt.*
511 du *Haupt.*

517 dich] dîn? *Kienast.*
520/21 ich] er? *Haupt.*
522 helen *Leitzm.*
523 undergân *Kienast.*

530 ir ammeycht zu grosin vnerin.
　　swaz dir got zu gnaden habe getan,
　　daz in tu nieman zcu missetaten stan.
　　saltu yeman vor sprechin in gerichte,
　　wur in an wareit vil rechte.

535 iz stet dir schentlichen,
　　sprichistu daz lugenin gliche.
　　en machtu nicht irvaren di wareit,
　　so tu alse in Salustio gescriben steit:
　　,allen haz saltu senken,

540 in keiner fruntschaft saltu gedenken,
　　zorn saltu lazen,
　　an den gnadin saltu dich mazen,
　　wenne dise sache viere
　　verkerint di wareit vil sciere'.

5rb 545 din dinc saltu noch tun,
　　dez hastu erin vnd frum.
　　wil der richter mit dicheinen dingen
　　zu sere durch niet iemanne verdenken,
　　da saltu dem vnrechten widerstan.

550 dez wirt doch nv lutzil getan.
　　di werlt iz nv also gewant:
　　der allir meist gibt in di hant,
　　der machit von einem svanen ein raben.
　　dez sitins in saltu nicht habin.

555 Noch sal ich dich ein tugent lerin,
　　di dir gut iz czu dinen erin
　　vnd ouch di armin sele labit.

_____

547 dicheinē.　　　　　　553 einē svanē.

530 ammecht *Sauerland.*　　548 nît *Leitzm.*
532 ze unstaten stàn *Kienast.*　　　verdenken] verdringen?
534 füere? *Haupt.*　　　　　　*Haupt.*
540 enkeiner *Haupt.*　　　　553 einen raben *Leitzm.*
547 dingen] wenken *Leitzm.*　　554 sites *oder* sitin *Leitzm.*

27

selich iz, der si habit.
daz ist redelichen, di saltu minnen,
560   in gote saltu der beginnen.
daz saltu tun allir erist,
daz tu dich dinez vnrechtes bekerist.
daz ist di erste selicheit.
der werlt vnstetikeit
565   dine saltu nicht intratin.
laz dir selbe got ratin.
an sine gnade saltu dich beuelin,
in keine dine geswasheit in saltu hin hylen.
kundistu dich rechte versinnen,
570   so guten rehenere in mach tu nirgen vinden.
din dinc setzit er ebene,
alse du bedarft zcu dinem lebene.
lieber hat er din heil

5va   den du selbe ein michil teil.
575   daz in benimit dir kein vnmuze,
du ne kumes alle tage zu sinen vusin.
vnd spriche zu im kurtliche,
vnd meine daz inicliche,
daz dir von sinen gnadin blibe
580   ein recht in dime gesundin libe.
diz gebet vollen kurtz,
nichtis me nis dir durft.

---

558 *nach* habit: daz *getilgt.*
563 *nach* daz: di *getilgt.*
565 in tratin.
572 dinē.
576 sinē.

577 *oder* kurcliche.
578 inicliche *das zweite* i *undeutlich.*
581 *oder* kurcz.
582 menis.

---

559 redelicheit *Schönb.*
565 entrâten *Haupt.*
566 got selben *Kienast.*
568 enkeine . . . in helen *Haupt.*

571 dîne? *Kienast.*
575 enbeneme? *Haupt.*
576 vuozin *Leitzm.*
582 mê enist? *Haupt.*

28

diz hat vns Iuuenalis bescriben.
sehet, dise man waz ein heiden.

585 och spricht Seneca von den sitin,
daz wir tumphilich bietin.
her spricht: ‚wi mochte mere torheit,
dan daz der man vor sime scheppere steit
vnd rumit im in sine orin,

590 daz er keinen man lise horin‘.
daz sin bezzere site,
alse der man got biete,
daz er spreche an sine orin,
alses alle di lute horin,

595 vnd also lebe vndir den luten hie,
als iz got ane sehe.
diz ist grose selickeit.
da zu horet truwe vnd wareit.

Von dirre wareit sagit alsus
600 ein buch, daz scribet er Tullius.
warheit sie, daz man da truwe heisit,
daz man alle gelubede leistit.
nv gelobe etteweme daz in nose,
leisti*stuz*, daz ist bose.

605 is mac vndir stundin scadin wirken.
5vb   daz mach tu an disen bispellen merkin;
si trefen zu der rede wert.

592 alse] alle.   got *am Rand*   595 vn̄dir.
    nachgetragen.   604 leistitiz.

583 bescriben] bescheiden   592 alse . . . bite *Haupt.*
    Leitzm.   600 er] her *Leitzm.*
586 biten *Haupt.*   601 heizit *Leitzm.*
587 mochte sîn *Leitzm.*   603 nose] neise *Haupt.*
589 rûnet *Haupt.*   604 leistestuz *Haupt.*
591 sint *Haupt.*

di beual ein sinnic man ein swert,
daz hastu im wider gelobit.

610 nv komit er lofende vnd tobit.
deme in saltu iz nicht wider geben,
wan der beniemit ettesveme sin leben.

Nv weristu min frunt so stete,
daz ich dir min gut zu behalden tete.

615 so komit iz so vnder deme gedinge,
daz ich din lant mit vrloge twinge.
keristu mir daz gut wider zu hant,
so urlogistu din eigen lant,
so missetustu sere.

620 dir in sal nicht sin widir dinis landis ere.
vnd swanne dir zwei vbil an ligen,
der du beide nicht mach vercien,
daz saltu alsus masen:
daz ergere saltu lasin.

625 An eine tugint saltu dich keren,
din darf dich nieman lerin,
doch iz se zu wizzene gut.
si sal lerin dich *fleisch* vnd blut,
iz sal dich von naturen an komn:

630 swaz du dinen magen macht gefromn,
da vore saltu nicht sparen.
dines landis erin saltu bewarin.
da zu tribet dich kein meisterschaft,

---

626 darft.
628 fliese; fliesc *Hoffm.*

629/30 kom̄ : gefrom̄.
630 dinē.

---

608 dir *Haupt.*
622 macht *Leitzm.*
623/24 mâzen : lâzin
 Leitzm.

626 darf *Leitzm.*
628 fleisc *Leitzm.*

30

wanne iz dir di natura gab.

635 Hin abir sprichet Seneca alsus:
    ‚nemo coartandus‘.
    daz spricht: nieman darf *man* twingen da zu,

6ra daz er im selben gut tue.
    swaz wir vnsen magen tun zu gute,
640 daz tu wir vnsin fleische vnd vnsin blute.
    hin abir spricht alsus
    der wise man Tulius:
    ‚nyman getruwe deme,
    der sine mage gerne ergreme‘.
645 wi mochte er eines anderen *f*runt sin vnde bliben,
    der sinen mach von sinen eren wolde triben

    Noch salich dich ein tugent lerin,
    di beide nutzze iz zu den erin
    vnd gibet dir gotis hulde.
650 daz ist di ware vnsculde.
    di saltu in din herce vazzen.
    vnrecht gewalt saltu hassen.
    keine *vn*tugint tu habe,
    di dich tungke groz vnd vnreine,
655 vnd du hettis si gerne von dir vertriben.
    daz abir hat Oratius gescriben,
    ob ich iz rechte sagen kunde:
    ‚nyman wirt geborn ane sunde,
    vnd swen di cleine dri*n*gen,

---

637 man] in an.   645 f͞ut.
638 tuen n *getilgt*.   653 vngtugint.
640 vns͞i blute.   659 drigen.

635/41 hie abe *Leitzm.*   656 dar abe *Leitzm.*
637 man *Kienast.*   659 cleinestin *Hoefer.*
653 untugent du habe keine?   dringen *Haupt.*
    Haupt.

31

660　di mac mit den meisten destebaz gedingen'

Din leit in rich nicht zu sere.
tustu iz, daz iz din ere.
manic iz zu der rache zu balt
vnd wirt iz lichte sere gevalt.
665　weistu waz Oůidius sprichit?
,der sin leit zu sere richit,

6rb
her machit sich selben schuldic'.
bis an dineme zorne geduldic.
wanne Salomon tut vns des gewis,
670　daz der man sterker iz,
der sich in sineme hercen versinnet,
den der di burc mit sturme gewinnet.
gewin guter lute kunde.
mache dir·vil der guten frunde.
675　di saltu stete kiesen,
nicht lichte saltu sie verliezen,
wenne iz ist also Seneca sprichit:
,als ein frunt daz gesiet,
daz man den anderin betruget,
680　wi schire sich di fruntschaft virzugit'.
diz wort saltu pruben:
mit eineme machtu den anderin betruwen.
daz spricht: wiltu vntrue an einen ker+,
da mite mach tu di anderin alle erver+.
685　is iz, als ich wene,
so iz stete fruntschaft vil selzene.
di gezeme wol vndir holdin,

683/84　keren : erveren *Hoffm.*

660　di] der *oder* dem . . .　　　676　verliesen *Leitzm.*
　　gelingen? *Leitzm.*　　　　　　678　gesihit *Leitzm.*
662　daz enis *Kienast.*
　　unêre *Haupt.*

32

di sich durch recht minnen solden.
dar abe hortich Salustium sagin,
690 si soldin al ein gemute tragen.
si sullin sich stille zu den erin manin,
alse di da vechten vnder einem vanin,
vnd igelich, so vil er mochte,
den anderin zu sinem prise brechte.

695 Noch wil ich dir kundin,
waz Seneca sprichet von den frunden.
her spricht: ,iz ist recht, den du minnis,
daz du in keiner dinge ane sinnis,
da im siner erin an gebreche'.
700 er tut baz, daz er dine bete vurspreche.
vnd swaz er wolle helin,
daz in *bit* in dir nummer beuelin.
wil her iz dir vbir daz sagin,
daz saltu beslozzen in dime hercen tragen.
705 beueliz iz dinir zvngen,
is iz dir lichte vntsprungen.
ez ga dan zu schaden odir zu fromin,
daz wort in mac nummer wider kumin.
sezze al din ere an dines frundes hant.
710 den saltu abir e vil rechte han derkant.
iz stet dir andirz vil ho:
dez warnit dich Cycero.

Her spricht: ,,kein lage scadet so sere
so vndir fruntlichen gebere'.

6va (margin, at line 698)

692 eine̅.
700 vursireche.

700 verspreche *Haupt.*
701 er dich *oder* dir *Kienast.*
702 enbit in *Haupt.*
705 bevelistû *Leitzm.*

702 in dietin.

710 erkant *Leitzm.*
714 under vinden *Haupt.*

715   dez wurdin Troiani betrogen,
daz die Crichen so heilicliche lugen.
si sprachen, si brechten ein gotinne;
da waren gewafenete ritter inne.
nicht in bizet mit so scarfen zanden
720   so der wolf vnder deme scafene gewande.
dune hutis dich vil garewe,
dich betrugit des wolfis varwe.
dez warnet vns Oratius.
er meinetiz abir alsus:
725   bestet dich ein man mit schonir list,
da vor du vngewarnit bis,
er mac dich lichte ervellen.
hute dich vor dem rotin gesellen.
daz dez wolfis varwe gligit,

6vb   730   daz is der dich allir erst beswiget.
nicht in weis zu freuele.
is komit dicke vuele,
daz man dankes not besta
vnd nicht in merke, wi iz irga.
735   stritis tu wider dinen gelichen,
is ist zwiuel, wo der sic hin wiche.
stritis tu wider den, der dir zu starc is,
do hastu den schaden gewis.
stritis tu wider einen cranken,
740   dez siges in darf dir niman danken.
ouch in laz dich nicht verdruckin,
wanne daz man dir zu lastere zucke,

---

720 wol.   740 darft.
739 einē.   742 zuckē.

---

720 wolf *Haupt.*   735 dîn *Sauerland.*
726 bist *Leitzm.*   738 sô *Leitzm.*
729/30 glîchet : beswîchet   740 darf *Leitzm.*
    Haupt.   742 zucke *Haupt.*
731 enwis *Haupt.*

dez saltu dich mit manheit vntsagen,
odir man sezzet dich vnder die zagin.

745 zageheit vnd freuele
di gecimin beide vbele.
bistu kune, daz ist gut.
vnd alz iz dir nicht not tut,
so bis gerne mit friede.

750 vrlouge iz gut vormiden.
vnd in machtu iz nicht verlazen sin,
so tu daz werliche schin:
in tete man dir nicht vnrechte,
daz dich kein homut da zu brechte.

755 sone dorfstu nicht beiten,
mit flize saltu reden.
keinir drouwe laz dich irverin.
ouch wil ich dich lerin,
7ra   zwaz da zu habin salt:

760 recken snel vnd balt,
di sullin sin vz erkorin;
da zu di din eigen sin geborn,
di saltu haldin mit schoner spise;
vnd tu sie ire brune eckin wisen,

765 die so wol sniden,
daz si keinen stahel hot nich gemiden.
wenne du dich denne bereiten macht,
sone sume nicht mit der heriscraft,
wanne iz vmme die mudekeit

770 alse in Lucano gescriben steit.

---

755 *nach* beitē *mehrere Wörter getilgt.*

---

751 es niht erlâzen sîn *Haupt.*   759 waz du *Haupt.*
755 dorftes du *Sauerland.*   764 brûnen ecken wîse *Haupt.*
756 reden] dich bereiten?   769 iz ist *Haupt.*   mudekeit]
    Haupt, reiten *Sauerland,*   müezekeit *Kienast.*
    rîten (: bîten)? *Pretzel.*

Her sprichit: ‚nocuit deferre'.

iz spricht: iz inist nicht dem schaden verre,

daz man zu vil obir daz beitet,

sint daz man sich zer sachin wol bereitet.

775 di muzekeit in hat ander gute,

wenne si machit vnstete gemute.

in la dich keinen slaf da zu brengen,

daz dich dine viende vnsamfte ersprengen.

kus vndir dinen gesellen

780 wart man von †kunete† ellin,

di dich vor lagin wol bewaren.

du selbe rit vnder den scharin,

vnd tu iz gut, daz iz billich,

daz machit daz volc †wuntlich†.

785 so mane dine helde zu den handen,

daz si sich houwen uz den schanden.

sage in von iren alderin.

mane sie, daz sie ir ere behalden,

di an si iz geerbet.

7rb 790 sage in, daz ein tot alle di lute sterbet

vnd der selbe sciere iz irgan.

di ere mac vbil ane der welde stan.

wanne du den sigen hast gewunnen,

so bis wol versunnen.

---

774 sin.
777 ladich.

781 dich *am Rand nach-*
getragen.

---

774 sin *streichen? Haupt,*
sît *Leitzm.*
780 küenem? *Haupt.*
784 unverwuntlich? *Haupt,*
willich *Sauerland,* un-
überwintlich? *Kienast.*
787 aldin? *Leitzm.*

791/92 unde der selbe gere des
intgân/des êre . . . ?
Sauerland.
792? *Haupt,* di êre mac ubil
âne der werlde vlust bestân
Kienast.
793 sige *Leitzm.*

795 den besten hilfen dez libes;
si, daz du keinen morder lides.

. . . .

daz dich dine vinde bestin.
vnd lazen si dich vffe dine sichereit varin,
800 di truwe saltu wol bewaren.
daz ist daz wol gescimit.
so sprichet man, wa man vernimet:
wer solde valschis uirdenken?
er in wolde sine truwe wider sine vinde crenken.
805 och tu, daz di wole steit:
minne rechte stetikeit.
weistu, waz daz sie?
wes dinez hercen vrie.
dinis glukis vrowe dich zu maze,
810 dinen kummer in saltu dir nicht zcu leit lasen.
bis gerecht zu iewedirre hant,
so wirdistu vor einen stetin man bekant.

Ouch tut vns Seneca kuntlich,
wi der stete man si vnuerwuntlich.
815 her sprich: ,diz iz daz ware sceichin:
man in mac nicht lichte verweichin
sin herce mac an siner stat wol bliben'.
her lezit sich nicht als einen hasen vnbetriben.

---

796 *vor* si : da *getilgt.*
797 *keine Lücke.*
798 *oder* bescin.

804 *vor* crenken *ein Buchstabe*
getilgt.

795 den gesten hilf? *Haupt.*
hilf in *Kienast.*
796 sich *Leitzm.*
801 gezimit *Leitzm.*
802 swâ manz *Haupt.*
803 in valsches? *Haupt.*

805 dir *Haupt.*
807/808 sî : vrî *Leitzm.*
815 sprichet . . . wârzeichen
Haupt.
816 enmac in *Haupt.*

37

Stetikeit in iz nicht einir hande.
820 di mochte baz heizen scande,
daz man so stete an dem zwiuele iz,
7va

7va   daz man nummer wirt gewis,
swaz man endelichen sal tun.
daz mac daz herce nimmer mer gerun
825 danne als da man uf ein schocke tritet
vnd alle den tac wider wint stritit.
alse stritit di man wider sin gemute.
dem geschit seldin odir nimmer kein gute.

Oratius sagit daz,
830 her sprichit: ,diruit edificat'.
daz sprichet: er bricheit vnd buwet,
er tut daz in zu hant geruit,
er in ist wol slecht noch ru,
daz her nicht wolde, daz bitit er nu.
835 manic iz dez gewone,
kumit er di vnstetikeit ane,
daz er also vaste dar an steit,
daz iz mac heizen sin stetikeit.
so mac her sich des namen
840 nvmmer zcu der werlde schamen.
kumit dir ein leit zcu handen
vnd mac dirz nicht wol geandin,
da zcu saltu dine dult kerin.

Da abe hortich Bohetium alsus leren:
845 ,daz leit, daz tu nicht macht gerechen,

---

824 *nach* mer: getū *getilgt.* 825 t^stit *der Kürzungsbogen*
  undeutlich.

---

824 des mac *Haupt.*   834 des bitet *Haupt.*
825 rītet *Leitzm.*   840 immer? *Haupt.*
833 wol] weder *Haupt.*   842 maht duz *Haupt.*
          844/52 dar abe *Leitzm.*

daz machtu mit vngedult swerer machen'.
Therentius sprichit ouch,
daz iz dir zu nichte touc,
daz du strebis wider clagetwanc.
850 dune komistis abe, du wirdis cranc.
da komit ein groz vbil na.
daz abir sprichet Seneca:
,dez sichen vndult
machit ime den arcit vnholt'.

855 Noch merke, waz man dich lere:
kushe wort vnd schone gebere,
dar an saltu dich vlizen.
di schame mach dir niman verwisen.
manic iz vnkusher wone
860 vnd dunkit, er nicht in missetue da nicht ane.
so iz manic, der daz midit
vnd sine wort schone besnidet.
vndir disen beiden
la dich di natura bescheiden.
865 vnd da na daz si hat gelazt
ein igelich an sine stat,
beide vbir lut vnd vorholen,
al da mac man di wort gedolen.
daz sprichit: dez sich di ougen schemn,

---

859 vnschusher.   863 vn dir.
860/61 er nicht in missetue/   869 schem̄.
   Da nicht so iz manic . . .

---

853 siechen mannes *Leitzm.*   865 gesazt *Haupt.*
858 verwîzen *Leitzm.*   866 igelich dinc *Kienast.*
860 dunket in *Haupt.*   868 al da] dar nâ *Kienast.*
860/61 da nicht so iz] da
   gegen sô ist? *Haupt.*

870 daz saltu beschouwen an dem namen.

Ich sage dir, waz noch vbele cimit:
daz man einen notlichen rat zcu handen *nimit*,
daz man da spo*tes* phleget,
wanne daz leitit den rat vz dem wege.
875 swar du einen cleppere weist,
vor deme hel dine geswasheit allir meist.
her mac dich lichte melden.
wiltu in dar vmme schelden,
so antwort her dir:
880 ,war vmme saget ir mir?
wi soldich iz vormiden?
wanne lize du dine zunge swigen?
ich pin al zuspalden,
von *di* in mocht ich iz nicht behalden.
885 waz machtu mir daz helin zu eischen,
8ra daz ich an dir nicht er vereische?'

Diz selbe si dir von deme trenkere:
an den la du nicht din ere.
von vbir tranke saltu dich huten:
890 du sies wol, iz tut den man wuten.
ez in schadit im keiner maze.
mit in ezzen saltu lazen,
is in hat keine fuge.
iez vnd trinc daz dir di nature genuge.

872 nimit *fehlt*.   883 alzu spalden.
873 spotus.   884 von dir.
882 *nach* zunge: szū̄ge.   887 sidir.

872 daz] dâ *Haupt*.   886 envreische *Haupt*.
    nimt *fehlt Haupt*.   887 si dir von] sih an *Kienast*.
873 spotes *Haupt*.   888 an den tranc *Kienast*.
    phlege *Leitzm*.   891/92 ? *Haupt*.

40

895   vnd du der lust wirdis gewone,
       so liget dir bosheit ane.
       vnd halt si an dime getwange vil vaste,
       odir si machit dich dinir erin zu eineme gaste.
       sie ouch, daz dich dine schone
900   zu der werlde nicht gehone.
       dar abe hortich Iuuenalem *sagen*,
       daz si selden in ein wol getragen
       schone vnde reinikeit.
       dinir grozen bis nicht zu gemeit:
905   is ist mislich, wie is dir irga.
       hin abe sprichit Seneca:
       ,so di vederen sin von grozereme namen,
       so sich di kint me mugen schamen'.
       sal man in daz verwisen,
910   daz si †wederdigen† heizen?
       weistu, waz Iuuenalis sprichit,
       da er einen bosen edelinc gesiet?
       er spricht: ,dez hettis tu grozir ere,
       daz ein †undiege† din vater were
915   vnd du dich tugende so an nemes,
       daz du iz in nebin bezzesten *quemes*,
       den du einen guten vater hettis
8rb   vnd dine dinc also boslich zetzis,
       daz du wordis so smelich,
920   daz man dich den ergesten hete gelich'.

---

901 sagen *fehlt.*   916 quemes] sprches,
914 undiegedin.

---

895 vnd] wenne *Leitzm.*   907 vedere *Leitzm.*
897 enthalt *Haupt.*   912 gesihit *Leitzm.*
899 sich *Haupt.*   914 undige *Leitzm.*
901 Juvenalem sagen *Hoefer.* 916 iz *streichen Leitzm.*
904 grôzen schône *Hoefer.*   sprches] quêmes *Sauerland.*
906 hie abe *Leitzm.*   918 setzis *Leitzm.*

dune wellis selbe tugende ladin,
so stet dir zu gelichem schadin
dinir mage ere vnd rum
vnd dinir vinde richtum.
925 so dine mage io fromere sin,
so din bosheit io me werdit schin.
vnd dine vinde me mugen tun,
so du wers vor in macht gerun.
swo so iz ein bosewicht,
930 deme in hilfet iz nicht,
priset man vil sine mage,
so man io sin mit dem ersten gewage.
ai wi swar daz gecimit,
daz ieman daz ane nimit,
935 daz er an eines anderin fromekeit warte.
dicke wirt er betrogen harte.
swer sich an den stab wil sturen,
so er in allïr gernist hette, so wirt iz im ture.
saltu gesinde wol inthalden,
940 dez muz al maze gewaldin.
diz saltu allir erst mirken.
lesistu selbe ein hus wirken,
daz in buwe nicht zu rume
noch zu groz zu dime in getume.
945 des wil ich an den Tulium ien.
ouch habe ich selbe gesen:
swar so iz ein groz hus

---

922 gelichē.   932 erstē.

924/27 viande *Leitzm.*   942 lêzistû *Leitzm.*
925/26 ie *Leitzm.*   943 daz sî *Leitzm.*
928 sô du wænes vor ir maht   947 hûs grôz *Sauerland.*
   geruon? *Haupt.* wirs *Leitzm.*
932 man io sin] manin si in
   Leitzm. den ergsten gewage
   (gewahene) *Haupt.*

42

vnd sin sine winkele itel vnd bloz,
komin dar in die lute selden.
8va 950 di nicht in daz hus brengen,
der geiste wil ich swigen.
da sint selden wol beraten hien.
steit iz denne an einer strazen,
so mac iz gut man vbele lazen
955 — als er da vore beginnit varin
vnd dez grosen huzes wirt geware —,
er in wolde da in kerin.
so hat iz der wirt luzzil ere,
daz man in in eineme wusten huse vind*e*
960 mit ermeclichem gesinde.

Vveistu, waz Seneca iet?
ich wene, er luge ouch nicht.
her spricht: ,kein huz iz so cleine,
is iz anderis gefuge vnde reine,
965 herberget iz manigen liben gast,
is iz wol groz vnd vast'.
wiltu Lucanes worten getruwen,
so saltu in der mazen buwen
beide in groze vnd in veste.
970 wustin dich denne vnfroliche geiste,
des winteris in gesinde,
daz is dich vnwerehaft nicht vinde.
daz iz, sne, regen vnd wint

---

952 da] daz.   971 des] den.
959 vinden.   972 *nach* dich: wi *getilgt.*
960 ermecliche̅.

---

949 dar komen in *Haupt.*   959 vinde *Haupt.*
950 die iht? *Haupt.*   brengen]   961 iet] gicht *oder* spricht *Leitzm.*
    welden *Sauerland.*   970/74 geste *Haupt.*
951 geste *Haupt.*   971 des *Haupt.*
952 dâr . . . hîgen *Sauerland.*   973 iz] îs *Sauerland.*

in deme huze leide geiste sint.
975 ob si mit freuele wollen lebin,
daz du mit gewalt si muges vertriben.
saltu gesinde habin mit erin,
du salt si dine sitin lerin.
komit ir da wol mite zu samene,
980 so hat ir vnder ein ander luzzil zu clagene.
danne abe hortich Oratium sagen,
daz si seldin wol in ein getragen

vnd sich dicke vnebene wegen:
der grozir vroude wil phlegen,
985 vnd der andir iz zornic vnd grimme.
daz machit dicke, daz sich scheidet din gesinde.
diz saltu inzit bewarn,
daz dir dine hien vntetliche nicht in zuvarin.
vnd des du vnschuldic bist,
990 dez mache si sicher vnd gewis.
nicht in la sie zu lange beiten
dez du sie mit rechte salt bereiten
von gewande vnd von spise.
so saltu igelichen zu sinen werkin wise.
995 Seneca spricht: ‚du hast dez unreicht,
hastu einen eigenen knecht,
wenistu, daz er alliz si din.
daz bezzere teil sin iz von dir vri:
daz sinis libes allir meist,
1000 daz sante got da in, daz is der geist‘.

---

985 an dir.   998 vͦdir.
988 in zu varin.

---

975 lebin] blîben *Leitzm.*   997 dîn sî *Leitzm.*
984 daz der eine *Leitzm.*   999 daz ist *Haupt.*
988 unstatelîche? *Haupt,*
    unteteclîche? *Kienast.*
    in zuvarin] intvarin *Leitzm.*

44

vbir di liede machtu wol gebietin,
dune darft abir mit drouwe noch mit mietin
vbir den geist keine walt gewinnen,
joch den lip, do her wonet inne.
1005 er in mac si so vil gewalde,
daz er in vbir sinen wille muge behalde.
alser denne rumit mit siner gewalt,
so blibet stoc bloz vnd kalt.
der geist verit zu lande,
1010 zu vnserm herren, der in here sante.
hat er denne daz heimute verwarcht,
so wirt sin ellende vil starc.

9ra versin du dich vil rechte
vnd var sieteliche mit dime knechte.
1015 vnd alse du gedenken salt,
daz du sin habes gute gewalt,
so gedenke ouch da bie,
wi geweldic din herre sie,
vnd laz in dez von dir *nicht* clagen,
1020 destu dime herren nicht wilt vertragen.
bistu als von sullchin luten komen,
daz du salt dinen vmme dinen frumen,
so kus dir einen herren,
deme du mugis dinen mit eren.
1025 vnd swaz dinstes du im tun salt,
da zu wis gefuge vnd balt.

1006. sinē.   1019 nicht *fehlt.*
1014 si eteliche.

1001 lide *Leitzm.*   1008 der stoc *Haupt.*
1002 miete *Leitzm.*   1014 sitelîche *Haupt.*
1004 der lîp? *Haupt.*   1019 vn̄ laz] enlâz *Leitzm.*
1005 enmac sîn *Haupt.*   in niht des *Haupt.*
1006 willen *Leitzm.*   1023 hêren *Leitzm.*
1007 er in rûmit *Leitzm.*

vnd ob dir sin spise nicht behage,

dez in getu du nummer keine clage.

wanne alz ich iz von Lucano han vornumen,

1030 iz in mac dir nimmer wirs bekomn

dan iz dime herren tut,

daz sin gefoure iz crenclich vnd nicht gut.

clagestu zu vil vmme sin brot

vnd tut iz dir ein teil not,

1035 is in horit niman so wis,

er in spreche, daz du ein vbil schalck sis.

Des wil jch an Oratium ien,

daz iz dicke iz geschen:

swer siner not wil verswigen

1040 vnd sinen herren des beisten zien,

her mac mit groserme rechte

warten nach grosir gifte

danne der dez gewonet,

daz er sinis dinstes zallen ziten manet.

9rb 1045 alle die des siten habin,

di nemen bilde an dem rabin.

der rabe hat ein vbele wise:

mit roue izet er sine spise.

mochte er arme des vergessin

1050 vnd wolde her stille essen,

her hette dicke me mazes

vnd minner niedis vnd hasses.

sus kumit iz vmme den clepphere,

der vil geclait vmme sinen herren.

1030 bekom̄.   1040 sinē.

1032 gefuore *Leitzm.*   1051 mazzes *Leitzm.*
1040 besten *Haupt.*   1054 hêren *Leitzm.*
1045 den site *Haupt.*

1055 Ich horte zu einem *male*
  ein wort von Iuuenale.
  ich gedenke dicke sin da bie.
  er spricht, daz an dem schalke nicht *ergeris* si
  dan di zunge an sinem munde.
1060 der gelichet cleinem bellenden hunde.
  von *di* in bis dinir wort nicht zu balt
  widir deme du dinen salt.
  bistu mit armute bevangen
  vnd wiltu vngerne dar an hangen,
1065 volge mir mit einen sachin,
  zu hant wil ich dich riche machen.
  alsus sagit daz buch:
  des tu has, des dunke dir gnuk,
  vnd negere nichtis me.
1070 so nis des nicht *daz* dir zuste,
  so in iz kein were so breite,
  daz dich so sciere zu deme richtum leite.
  dinis armutes in saltu dich nicht misse trosten:
  di habe volget dicke den bosten.
9va 1075 weiste, war vmme si daz tu?
  si in hat mit dem mildin keine ru,
  si iz mit ime allir lute gemeine;
  von die hat ir manic man cleine.
  nv wil ich dir duten,
1080 wi di habe sprichet von den milden luten:

1055 einē. male *fehlt.*   1061 von dir.
1058/59 nicht erge / Is si dan.   1065 einē.
1059 sinē.   1070 daz] der.
1060 cleinē bellen den.

1055 einem mâle *Haupt.*   1070/71 ? *Haupt.*
1058/59 ergeres si / dan *Haupt.*   1070 der] daz *Leitzm.*
1060 cleinē] einem *Leitzm.*   1078 von diu *Leitzm.*
1061 von diu enwis *Haupt.*

47

,wiltu mich sus vmme triben,
sone mac ich mit dir nicht bliben.
lisestu mich in deme †brute† ligen,
ich were destebaz gedigen.
1085 nv muz ich mich zu den bosen zien.
der ne tar des nimmer geien,
daz ich da mite ime sie.
von sineme getwange bin ich vri.
ich in kere mich nicht an sine drouwe:
1090 her iz min knecht, jch bin sin vrouwe.
er legit mir iemer *etewaz* zu;
er bewaret wol, daz er min ich abe tu.
er beheldit mich alleine.
mit *dir* waz ich zu vil gemeine,
1095 daz in mochtich nicht wol vertragen.
doch wil dir ich vor war sagin:
swaz deme schalke waz an geborn,
daz in han ime nicht vorlorn.
sinir bosheit ich im nicht in nenne.
1100 wol weiz ich, daz ich im vbele gezeme'.
is iz bose vmme den man,
der keine maze nicht in kan,
daz er die *habe* zu zere minnit.
vnd so er ire io me gewinnet,
1105 so sizzit der mudinc vnd quilet,

1091 legit *das* g *könnte ein* s *sein.* 1094 dir] ir.
T̄emer; *in einer Hoffm.*   1103 habe] abe.
utewaz.   1105 *nach* vn̄: sprich *getilgt.*

1083 liezestû *Leitzm.*   in dîme   1094 mit dir *Haupt.*
brôte? *Haupt,* in deme   1096 ich dir *Leitzm.*
brûtene (= brüetenne)   1098 i'me *Haupt.*
Sauerland.   1099 ennime *Haupt.*
1085 dem bôsen *Haupt.*   1100 gezime *Haupt.*
1091 immer etewaz? *Haupt.*   1103 habe *Haupt.*   sêre *Leitzm.*
1092 ich] sich *Leitzm.*   1104 ie *Leitzm.*

daz im dez gutes niene ervilet.

so iz dez so vile des er wolde
beide an silber vnd an golde,
her vergisset, dez er is gewis,
1110 vnd denket nach dem, daz einis andiren iz.
Oratius sprichit vil rechte —
swer is den heidene an brechte,
er spricht: ‚der man is rechte bekant,
swi lutzil ime kome von gotis hant,
1115 daz er iz froliche vnfeit
vnd minnit vor groze richeit‘.
her sprichet ouch da bi:
‚daz dineme liebe wol sie,
sone mac dir des kuniges richtum
1120 nicht me zu gemache tun‘.

‚Is iz groze tumpheit,
daz man groze pine vmme eine habe besteit,
wandes in is niman gewis,
der hute wol varinde is,
1125 daz er bis morgene blibe‘.
ich wene, daz Oratius daz selbe scribe.
ouch in hat Seneca nicht gelogen,
her spricht: ‚da mite si wir alle betrogen,
daz wir an den tac beiten,
1130 so wir von dirre werlde scheidin,
vnd wenen, daz daz vnse tot sie:
her is vns alle tage bie‘.
wir ne wollinz nicht so note,
daz wir gelebet han, daz horet zu dem tote.

1106 niene *der* i-*Strich fehlt;* mene *Hoffm.*

1106 niene *Haupt.*   1122 sîn habe *Leitzm.*
1118 lîbe *Haupt.*   1133 ? *Haupt.*

1135 Ich sage dir noch, waz du lazen salt:
vnmaze pin vnd groze gewalt.

10ra daz saltu dar vmme miedin,
wenne zu hant beginnet man dich niedin.
vnd di dine vrunt waren,

1140 di beginnen dinis lasteres faren
vnd sin vmmer an dem willen,
†swi dich von der geuellen†.
si werin din gerne ane.
ditz hortich von Lucane:

1145 ,gewalt han sie schiere gewunnen,
di der nach werben kunnen'.
beginnet man sie denne niedin,
so iz is mislich, wi lange sie danne dar an bliben.
des hat mich Seneca berichtet

1150 mit einem worte, daz er dichtet.
her spricheit: ,an einir kurzen stunden
hat man gelucke funden.
sal man ez abir keine wile behalden,
dez muz groz heil gewaldin'.

1155 swer vmme groze gewalt pinet
vnd die kurzen wile biderbe scinet
vnd in hat iz an deme herzen nicht:
also schire sin wille geschiet,
so in iz borlanc dar na

1160 — sus sagit vns Seneca —,
is in werde wol offinbare,
wilich man er da vor were.

1144 ditz *oder* dicz.   1151 *nach* einir: an ein^s.
1150 einē.   1159 borlanc *das a undeutlich*.

1137/38 mîdin : nîdin *Leitzm.*   1155 swer sich *Leitzm.*
1141 sin] sint *Haupt.*   1158 geschicht *Leitzm.*
1142 swie si dich von der gewalt   1159 enist iz *Sauerland.*
    gevellen? *Haupt.*   1161 iz enwerde *Haupt.*
1147 nîdin *Leitzm.*

manic man iz ouch mute,
vnd in machit kein sinis herzen gute,

1165 der sinen mut ho setzte,

10rb   ob er iz an deme gute vnd an der gewalt stete hette.

der herre sal sin also beginnen,
daz in sine vndir tane minnen.
geschaft er, daz in sin volc forten sal,

1170 daz ich lichte siner erin val.

daz dute ich dir baz:
den du forchtes, dem bistu gehas;
vnd swen du nides sere,
du rouchis lutzil vmme sin ere.

1175 vnd queme im ein laster zu handen

von sinen vinden,
du soltis in lutzil rechen.
sus hortich Salustium sprechin.
von *di* sal sich der herre versinnen

1180 vnd schaffe, daz in sine lute minnen.

so dien*in* sie im mit truw†
baz dan durch sin drouwen.

Rum daz iz itel ere:
den la dir vmmer mere.

1185 da in iz kein frucht ane.

der †nimme† hat abir des gewonet:

1176 sinē.
1179 di] dir.
1181 *nach* so *:* di er *getilgt.*
      dieninin.   truwen *Hoffm.*

1184 ladir.
1185 *nach* ane*:* D^s v̄me hat ge-
      wonet *getilgt.*

1163 hôchmüete? *Haupt.*
1166 stete] state *Kienast.*
1167 sin . . . beginnen] sich . . .
      besinnen *Sauerland,*
      sich . . . versinnen *Leitzm.*
1170 ich] ist *Haupt.*
1174 ruochis *Leitzm.*

1176 vianden *Leitzm.*
1179 von diu *Haupt.*
1181 dienent *Haupt.*
1184 v̄mer mere] unmære
      Haupt.
1186 der ruomære hât aber
      des gewone *Haupt.*

ime iz liber, daz er bose sie
vnd daz man in lobe da bie,
dan er sich alle tugent an neme
1190 vnd dez nimmer zu prise queme.

Oratius sagit mir daz,
er spricht: ‚falsus honor iuuat'.
den tummen gelustit iteler eren.
ouch mac man in lichte erweren,
1195 daz man in bosheit ziet,
10va doch da kein wareit ane liget.
wiltu dich an tugendin flizen,
sone mac dir niman nicht verwisen
dan din herce beswere.
1200 daz sagit mir Senofon zware.

Iz iz manic, der bosheit midit
vnd dar vmme angist lidet,
ob er dar ane queme,
daz er des grosin kummer neme,
1205 vnd lezet iz dar vmme schiere.
der gelicheit sich dem wilden tivre.
der wolf daz vie dicke neme,
wan daz er vorchtet, daz iz ime vnrechte queme.
wi schire sich der

1201 *Initiale fehlt; ein* i *ist vorgezeichnet.*

1194 in] im *Leitzm.*   1201 iz ist *Haupt.*
1198 verwizen *Leitzm.*   1206 gelichet *Haupt.*   tiere *Leitzm.*

52

ANMERKUNGEN

Die folgenden Anmerkungen dienen alleine dem Textverständnis;
Fragen der mundartlichen Färbung bleiben ausgeschlossen, da ihre
Behandlung den Rahmen sprengen würde. Ich verweise gelegentlich
auf die mhd. und mnd. Wörterbücher und auf die Grammatiken von
Weinhold und Paul-Moser-Schröbler (PMS), außerdem auf Leitzmanns
Aufsatz von 1948 (ZfdA 82).

1 Ist zu lesen: *hân ich?* Vgl. v. 361, wo *A* ebenfalls das Prät. von
   hân für das Präs. gesetzt hat. Die Eingangsverse sind formelhaft,
   z. B. im Athis u. Prophilias (Kraus): *ich han eyne rede ir dacht,*
   de hedde ich gerne vollenbracht (A[e] 20–21); ferner Holle:
   Demantin (Bartsch) 7f.; Herbort (Frommann) 15602f.; Reim-
   vorrede zum Sachsenspiegel (Eckhardt) 259f.; Reimvorrede zur
   Sächs. Weltchronik (Weiland) 77f. usw.
19 Wenn man *an dem herzen finden* im Sinne von „sich ausden-
   ken" versteht, ist der Satz entweder mit Haupt als Frage zu
   fassen oder als negative Affirmation (*ne wênit, daz . . .*), wie
   v. 37. Denkbar ist jedoch, daß Elmendorf eine doppelte Ver-
   bürgung seiner Tugendlehre zum Ausdruck bringen wollte:
   innere Einsicht (*herze*) und literarische Vorlagen (*guot urkunde*),
   vgl. die Wendungen *an dem herzen tragen* (128) „ehrlich sein";
   an dem herzen hân (1157) „wirklich besitzen".
21 Zur Wortstellung vgl. Gandersheimer Reimchronik (Wolff):
   unde alleine hadde se mannes künde, dat bok seget, se vormede
   doch sünde (191–192); zum Modus s. G. Schieb, PBB 74. 1952.
   S. 275f.
37 Der Text bietet keine Schwierigkeiten, wenn man *wân* positiv
   faßt als „Hoffnung, Glaube, Zuversicht", vgl. *des hân ich wân*
   „das glaube ich" (Lexer III, 668). Andernfalls müßte man kom-
   pliziertere Lösungen erwägen (*ame wân sîn?* Streichung der Ne-
   gation? Versgrenze nach *âne?*).

45 *niene*, das in *B* belegt ist (128. 143. 373), ist in *A* stets ver-
ändert oder entstellt. *A* schreibt an den entsprechenden Stel-
len *inne* (143. 373) – wie hier und v. 70 – bzw. *nicht* (128).
Vgl. Anm. zu v. 455.

47 In disjunktiven Sätzen genügt *ne* als Negation; Leitzmanns Er-
gänzung ist daher nicht notwendig. Ist *ouch* für *doch* zu le-
sen?

48 Ist zu lesen: *mit list*?

51f. Der Reim *grôze : gnôze* ist aus mehreren Gründen verdäch-
tig. Der Akk. Sg. heißt *genôz* und das nachgestellte Adj.
bleibt meistens unflektiert, abgesehen von v. 448 (Anrede)
und v. 1071 (wahrscheinlich verderbt).

52 *ein gedene* muß verderbt sein. Haupts Besserung ist „nicht
zweifelsfrei" (Leitzmann S. 65). Ich stelle *ein gedegene* zur
Erwägung. Lexer (I, 770) belegt *ein gedegen man* in der Be-
deutung *„homo prudens"* aus Eikes Sächs. Weltchronik
(Weiland): *Galba, en gedegen man, wart de seste keiser*
(S. 98, 27–28).

65ff. Hoffmann setzte nach v. 65 Komma, nach v. 68 Punkt. Da-
bei bleibt jedoch die syntaktische Funktion von v. 66 un-
klar. Leitzmann (*uns ensî . . .*) hat v. 66 offenbar in exzi-
pierender Bedeutung verstanden, aber der Zusammenhang
mit v. 65 wird dadurch nicht überzeugender. Ich fasse v.
66f. als konzessiven Vordersatz zu dem v. 69 beginnenden
Hauptsatz.

70 *A* schreibt *vmbewarit* für *unbewâret*, *vmbetrogen* (72) für
unbetrogen, sogar *vmmederne* (472) für *unbederbe*, ande-
rerseits *vnbetriben* (818) für *umbetrîben*. Zu *niene* vgl.
Anm. zu v. 45. Ist *er* für *ez* zu lesen?

73 *Nv* ist ein offensichtlicher Fehler des Rubrikators, denn vor
der Initiale steht ein kleines *d*.

81 Elmendorf überträgt hier aus seiner lat. Vorlage: *Et Salo-
mon: 'Palpebre (tue) gressus tuos precedant'* (Mor. dogma
8,5). Ist danach zu lesen: *dînen wec bewarin*? Allerdings
fährt die Vorlage fort: *Id autem est quod consilia actus
tuos preueniant* (8,5–6), und daher könnte *dîne werc* stam-
men.

103 Die Einleitung eines Quellenzitats durch *dan abe* hat *A* an
anderer Stelle richtig bewahrt: *danne abe* (981), daneben
dar abe (689. 901), *da abe* (844), ferner *hin abe* (906).
Mehrmals steht in *A*, wie auch hier, in diesen formelhaften

54

Einleitungen *aber* für *abe*, das wahrscheinlich als Fehler an-
zusehen ist: *hin abir* (635. 641). Entsprechend ist vermutlich
daz abir (656. 852) aus *dan abe* oder *dar abe* verschrieben.

104 Bei den lat. Namen *Bohetius* (104. 844), *Oratius* (656. 723.
829. 981. 1037. 1111. 1126. 1191) und *Therentius* (847)
ist nirgends sicher, ob *t* oder *c* zu lesen ist. Ich schreibe
überall *t*; Hoffmann las nur einmal *t* (847), sonst immer *c*.

110 Die Schreibung *w* für *v* (vgl. Weinhold § 174) begegnet öf-
ter in *A*: *wusen* (134) für *vüezen*, *wur* (534) für *vüer*, *wol*
(156) für *vol*, vielleicht auch *wil* (244) für *vil*. Da es sich of-
fenbar nicht um Schreibfehler handelt, ändere ich nicht.

125 Es ist nicht zu entscheiden, ob *dich* in *B* ausgefallen oder
in *A* zugesetzt ist. Zur Nichtbezeichnung eines Pronomens
im Casus obliquus s. PMS § 379,2.

126 Lexer (I, 762) zitiert die *A*-Lesart unter *gebrûchen* „gebrau-
chen, benutzen, geniessen". Diese Bedeutungen sind hier un-
sinnig; es muß sich um eine Verschreibung für *geruchit* han-
deln.

127 Vgl. *der ist vile AB* in v. 109.

137 Hier scheint der *A*-Text besser zu sein. *beginnit* in *B* ist
schwerlich als nddt. Form zu erklären, da die 3. Pl. Ind.
sonst stets auf *-ent*, *-int* ausgeht. *sich dwingen* paßt auch
nicht. Es ist wohl kaum denkbar, daß *sie* auf die *geswâsheit*
(136) zu beziehen ist.

153 Der Name des Perserkönigs scheint in beiden Hss. entstellt
zu sein. In Holmbergs Variantenverzeichnis begegnet die
PEN-Lesart *Xerses*, und diese Form, die übrigens auch bei
Herbort (Frommann) 4054, im Vorauer Alex. (Kinzel) 87,
im Straßbg. Alex. (Kinzel) 2225 usw. steht, vermute ich
auch für Elmendorf.

154 *volcwic*: die von den Wörterbüchern (BMZ III, 649; Lexer
III, 437f.) angegebene Bedeutung „Kampf zweier Heere,
große Schlacht" reicht nicht aus. Die Belege im Rolandslied
(Wesle-Wapnewski): *wir haben an der hant ain uil starchez
uolcwic* (3846–47) und im Straßbg. Alex. (Kinzel): *mit
volcwige reit er ime zû* (2136) fordern die Bedeutung
„großes Heer", die bei Elmendorf hier und v. 166 anzu-
setzen ist. In *A* ist das Wort an beiden Stellen verschrieben.

156 Zu *wol* vgl. Anm. zu v. 110.

163 Gewöhnlicher wäre *heil dir, kunic* oder *heil sîs du, kunic*.

166 Zu *volcwigis* vgl. Anm. zu v. 154.

176f. Der überlieferte Text ist zu halten, wenn man *wan* = *wen*

(Akk. Sg. des Pron. interrog.) versteht und *ire manheit* als Gen. faßt. Wenn *wan = wanne* oder = *wâ* ist, muß man mit Haupt *bescheinen* schreiben.

184   *angest* scheint sonst nicht als Neutr. belegt zu sein.

191f.   Elmendorf überträgt hier: *alius dicebat uix illi rerum naturam sufficere: angusta esse . . . explicandis copiis equestribus campestria* (Mor. dogma 10,3–5). Der Gedanke, daß kein Schlachtfeld groß genug sei, um die Entfaltung der Reiterei zu gestatten, ist bei Elmendorf dahin abgeschwächt, daß kein Feld so groß sei, daß, falls es dort zur Schlacht käme, jemals wieder etwas Grünes darauf wachsen könnte. Der Ausdruck *iht grüenes geladen* ist auffällig; der Verdacht der Verderbnis liegt nahe.

201   *al*] *alsô*?

218   Ist *mage* Indikativ (Weinhold § 409) oder Konjunktiv? Zur Wortstellung vgl. v. 907f. 925ff.

235   Vgl. v. 1113.

237   Beginnt mit v. 237 ein neuer Abschnitt? Elmendorf beginnt hier die Übertragung des Kapitels *De iustitia* (Mor. dogma 12,3ff.), der zweiten Kardinaltugend. Das formelhafte *noch sal ich dich lêren, des du bedarfst zu dînen êren* steht sonst immer am Anfang eines neuen Abschnitts (353. 369. 379. 413. 505).

240   Neben dem swn. *rehte* begegnet bei Elmendorf auch *unrehte* swn. (549).

244   Der Gedanke ist, daß selbst ein Bösewicht auf sein Recht pocht, wenn ihm Schaden zugefügt wird (vgl. Mor. dogma 12,19ff.). Ist *wil = vil* (vgl. Anm. zu v. 110), so ist zu verstehen „wenn den ein anderer so sehr schädigt"; andernfalls ist *wil* Modalverb und *genôse* Infinitiv: „wenn den ein anderer schädigen will" (*sô* kann verschieden bezogen werden). Elmendorf reimt öfter den Infinitiv auf Wörter ohne -*n*, vgl. Anm. zu v. 994.

246   Nichtbezeichnung des pronominalen Objekts? Vgl. Anm. zu v. 125.

247   Gerade im Reim ist der *A*-Schreiber in der Bezeichnung des auslautenden *n* sehr unsicher. So wie hier schreibt er unorganisches -*n* auch v. 426. 742 und 959; oder das Schluß-*n* fehlt, wo es stehen müßte (1005).

252   *den* für *dem* begegnet in md. Quellen (Weinhold § 483).

259   *gerne* ist Adv. zu *gerihte hân* „Gericht halten", hier wohl in abgeschwächter Bedeutung: „wer etwa Gericht hält".

56

265 Ersparung des Pronomens als Objekt? Vgl. Anm. zu v. 125. Wahrscheinlicher ist ein Fehler in *A*.

269 *von den tagen tuon* überträgt *exterminare*, vgl. im Mor. dogma: *Tercium seueritatis offictum est exterminare ex hominum communitate pestiferum genus hominum* (13,11–12). Der deutsche Ausdruck „scheint sonst nicht belegt zu sein: *von den tagen nemen* steht Dan. 4701" (Leitzmann S. 72). In derselben Bedeutung („beseitigen, töten") begegnen *von den tagen bringen* Gandersheimer Chr. (Wolff) 1185; *von den tagen kumen* Nddt. Apokalypse (Hagens Germania 10. 1853. S. 129) II, 1^b; *von der werlte tuon* Wigalois (Kapteyn) 2153.

278 *A* schreibt nicht nur *rech* ohne -*t*, sondern auch *mach* in der 2. Prs. (622), *nich* (766), *sprich* in der 3. Prs. (815), *ich* für *icht* (1092). Mehrfach ist -*t* bzw. -*te* nachträglich übergeschrieben. Umgekehrt steht falsches -*t* in *darft* (3. Prs.) (626. 740), *durcht* (337). Auf Ausfall des postkonsonantischen auslautenden *t* (Weinhold § 194) deuten die Reime *meisterschaft: gab* (633f.) und *verwarcht: starc* (1011f.).

281 Daß mit *kurcer reda zva* die zwei Wörter *min* und *din* gemeint sind, ergibt sich einerseits aus v. 285, andererseits aus der Vorlage: *Nam quietissime homines uiuerent, si duo uerba tollerentur: meum et tuum* (Mor. dogma 13,9–10). Dieffenbach (Glossarium Latino-Germanicum. S. 612b) verzeichnet *rede* für *verbum*, doch bleibt die Ausdrucksweise sehr ungewöhnlich. Auch die Schreibung *reda zva* deutet auf Verderbnis. Wenn v. 281 ein Nebensatz mit exzipierender Bedeutung ist („was man nicht brauchte, wenn sie [= die Leute] nur zwei kurze Wörter nicht benutzen würden"), ist Haupts Ergänzung unnötig, da *ne* in einem solchen Satz fehlen kann, sofern der übergeordnete Satz verneint ist (PMS § 340). Zu dem von Kienast vorgeschlagenen *entæte* „wäre nicht vorhanden" vgl. Behaghel: Dt. Syntax. Bd. 3. S. 784; Leitzmann, PBB 44. 1920. S. 131ff.

285 Die Conj. *wan* „außer, gleichwohl" erscheint in *A* in den Formen *wan* (1208), *wene* (478) und *wenne* (456. 776); in der Bedeutung „gäbe es nicht . . . " (BMZ III, 488b) nur hier.

287 Wenn dieser Vers einen konditionalen Nebensatz zum folgenden enthält, so vermißt man ein Subjekt. Es könnte *wir* (288) erspart sein, vgl. PMS § 270.

293 Beginnt mit v. 293 (oder schon v. 291?) ein neuer Abschnitt? Hier beginnen die langen Ausführungen über *mildekeit*, die dem Kapitel *De liberalitate* (Mor. dogma 13,21ff.) folgen.

57

297 Hier ist nicht davon die Rede, daß man nicht nach dem Besitz anderer (*fremder habe* Haupt) streben soll, sondern davon, daß man geben soll, auch wenn man nichts dafür zurückbekommt: *Hec est uirtus dare beneficia non utique reditura* (Mor. dogma 16,15–16). Der überlieferte Wortlaut („sie läßt dich nicht danach streben, den Nutzen zu haben") ist zu halten: BMZ (I, 533b) belegt *gern* m. Inf. ohne *ze*.

300 *und* in relativer Bedeutung: PMS § 343.

302 Die Wörterbücher (BMZ I, 747; Lexer I, 1420) kennen für *flekeit* nur diesen Beleg. Das Wort paßt hier gut. Elmendorf überträgt: *Multa enim faciunt multi repentino impetu animi . . . ; que beneficia eque magna non sunt habenda atque ea que considerate delata sunt* (Mor. dogma 17,6–8).

305 „Ein altes Wort *unstunde* gibt es nicht" (Leitzmann S. 65). Noch anstößiger ist der Reim (oder sind zwei Verse ausgefallen?). Für Leitzmanns Konjektur könnte sprechen, daß das Wort *state(n)* in *A* auch an anderer Stelle verschrieben zu sein scheint, vgl. Anm. zu v. 988. 1166.

317 *B* unterscheidet konsequent zwischen positivem *dichein* (372) und negativem *nechein* (383. 392. 408). *A* hat diese Unterscheidung nur am Anfang: *dehein* (262), *nehein* (173. 190. 198). Später begegnet noch ein *dichein* (547), sonst stets *ein* oder *kein* bzw. *inkein* (540. 568). Dabei kommt *kein* auch in positiver Bedeutung vor (372. 1153): PMS § 288b, und umgekehrt *ein* in negativer Bedeutung: hier und v. 332. Bei *güete* steht häufig ein Pron. indefin.: *dústu imanne dicheine gute* (372); *dem geschit seldin odir nimmer keine gute* (828); *vnd in machit kein sinis herzen gute* (1164).

324 *A* flektiert *site* im Versinnern schwach (978. 1045) oder gemischt (554), vgl. Weinhold § 459. Im Reim stehen starke Formen (30. 122. 591).

329 Ohne Kenntnis des fehlenden Verses (oder ist v. 327 ausgefallen?) ist der Text nicht zu bessern.

332 Zu *ein* vgl. Anm. zu v. 317.

335f. Ist der Text in Ordnung? Vgl. in der Vorlage: *Eodem animo beneficium debetur quo datur, et ideo non est negligenter dandum* (Mor. dogma 14,4–5).

342 Haupts Besserung wird vom Mor. dogma gestützt: *Optimum est enim antecedere desiderium cuiusque . . .* (14,13–14). Vgl. auch bei Freidank (Bezzenberger): *daz wær vor gote*

stæte, swer gæbe ê man bæte (III, 27 a-b). Vielleicht ist *ge* als Kontraktion aufzufassen, vgl. *get = gibet* (351).

343 *schame* ist auch als swm. belegt (Lexer II, 647).

345 Vgl. v. 291.

350 Ausfall des zweiten *daz* in zwei durch *dan* miteinander verglichenen *daz*-Sätzen begegnet auch v. 917 und 1189.

357 *gufte A* ist sowohl inhaltlich wie reimtechnisch möglich, vgl. etwa *muchte : gerichte* (255f.). Dennoch ist an der Überlegenheit von *B* kein Zweifel.

363 Zur md. Form *giner* in *B* vgl. Weinhold § 488.

372 Zu *keine/dicheine* vgl. Anm. zu v. 317.

373 Zu *niene* vgl. Anm. zu v. 45.

385 Ist *eine* in *B* ein Schreibfehler? Vgl. v. 400.

394 In *A* ist die Umsetzung des Berichts in die 1. Prs. nicht konsequent durchgeführt: v. 399 steht wieder *im*. Ähnliche Veränderungen begegnen öfter in *A* (386. 445, wahrscheinlich auch 520ff.).

398 Hier bietet *A* den besseren Text: *zu lutzil*; wahrscheinlich ein Schreibfehler in *B*.

416 Zur Nichtbezeichnung des pronominalen Subjekts vgl. PMS § 270 und Kraus: Dt. Gedichte des 12. Jhs. 1894. S. 88ff.

422 Wörtlich müßte man verstehen, daß den Reichen sein Glück verlassen hat. Das ist im Kontext kaum sinnvoll (vgl. v. 423). Wahrscheinlich hat Haupt mit seiner Konjektur recht (vgl. v. 100, wo *A* ebenfalls *her* für *ez* schreibt, und v. 90, wo *dar* für *daz* steht). Dann kann man die Aussage in Verbindung bringen mit dem Cicero-Zitat: *Et cum inopi bono benefacias, spectatum se, non suam fortunam putat* (Mor. dogma 17,19–20). Elmendorf hat offenbar daraus geschlossen, daß der Reiche es umgekehrt seinem Glück zuschreibt, wenn er ein Geschenk bekommt.

426 Zu *kinde* vgl. Anm. zu v. 247.

427 *gesehen* überträgt hier *beneficere*, vgl. im Mor. dogma: *si autem inopi et bono* [sc. *benefacias*], *omnes inopes boni presidium sibi paratum uident* (17,18–19). Die Wörterbücher belegen *sehen* in der Bedeutung „beglücken, segnen" nur, wo Gott Subjekt ist (BMZ II², 277b); verbreiteter ist die Bedeutung „besuchen" für *einen sehen.* Vgl. aber v. 325, wo man bei ähnlicher Formulierung mit der Bedeutung „wahrnehmen, bemerken" auskommt.

428 Wie hier ist auch v. 684 nicht zu entscheiden, ob *al* Adv. ist oder für *alle* steht. Die Formulierung *omnes inopes* in der

Vorlage (vgl. die vorige Anm.) spricht für die zweite Möglichkeit.

431 Wenn der überlieferte Text in Ordnung ist, muß der Akzent auf *minne* liegen: „du kannst zwar die Armen froh machen, aber ihre Liebe kannst du nicht gewinnen". Viel wahrscheinlicher ist eine Verderbnis des Textes: *nicht* ist entweder zu streichen oder durch *lichte* zu ersetzen.

434 Nicht-reflexives *vermuten* „begehren" m. Gen. ist auch unter Berücksichtigung der nd. Belege (Schiller-Lübben V, 407) auffällig. *iris* dürfte sich auf *gutes* beziehen; flektierte Formen des Pron. poss. *ir* begegnen schon in *B* (v. 111). In der Vorlage wurde von den Reichen gesagt: . . . *aliquod a se expectari suspicantur* (Mor. dogma 17,16). Elmendorf sagt das Gegenteil von den Armen.

435 Das kausale *wande* begegnet in *A* in den Formen *wande, wanne, wan, wenne* und *wen*. Die kausale Beziehung ist hier allerdings nicht recht deutlich. Die mfrk. Form *teit* bzw. *deit* reimt nur hier; daneben reimt *tuot* auf *guot* (748. 1031).

439 Was im Mor. dogma nur zum Vergleich angeführt wird (*Horum animus similis est prauo amore flagrantibus* 19,6), hat Elmendorf zu einem ganzen Abschnitt über *tumbe minne* ausgeweitet (439–470). Ist nach v. 438 eine Abschnittsgrenze zu setzen?

444 Leitzmann (S. 65) hat *eine sucht ligen* in Strickers Nacktem Ritter (Fischer) v. 50. 55 nachgewiesen.

445 Der Vers ist notfalls als Rede des Liebhabers aufzufassen; wahrscheinlicher ist Schreibfehler *dir* für *ir. wisen* swv. m. Dat. „bei festlichem Besuchsanlaß ein Geschenk bringen" (Lexer III, 942); gewöhnlicher mit Gen. „sich annehmen", häufig in bezug auf Kranke.

448 Bleibt man bei der Handschrift, so ist entweder *rechten* Substantiv oder *gute*. Wahrscheinlich trifft Haupts Vorschlag (*trechten*) das Richtige. Verwandte Wendungen: (*her*) *dachte an sinen mūte. rike got die gŭte* Tr. Floyris (de Smet-Gysseling) 126f.; *er gedâhte in sînem mûte ,herre got dû gûte . . .'* Brandan (Schröder) 215f. usw. Weinhold (§ 517) belegt *trechtin guote* im Vokativ aus Tr. Aegidius (Bartsch) 1642 und Kaiserchr. (Schröder) 12608. Vgl. ferner *drethin dir gute* in Rhein. Paulus (Kraus) 82; dazu Kraus: Dt. Ged. des 12. Jhs. S. 87).

450 In *wol* steckt wahrscheinlich das Verbum, vielleicht *wolde*, wie Haupt annahm.

454   Ich übernehme Leitzmanns Besserungsvorschlag, ohne aber
in v. 455 zu ändern. Auch das einleitende *daz* ist möglicher-
weise zu halten, wenn man es als Artikel auffaßt (BMZ II, 140a).

455   Wenn zu verstehen ist: „daß sie nicht mehr zum Leben hät-
te, als was ich ihr geben würde", erwartet man: *daz si me ne
hete.* Wahrscheinlich trifft Haupts Vermutung (*niene*) das
Richtige, vgl. Anm. zu v. 45.

457   Entweder ist *ich* ausgefallen oder das pronominale Subjekt
ist nicht bezeichnet, vgl. Anm. zu v. 416.

459   *vánde* ist offenbar Schreibfehler; *A* schreibt sonst stets *vinde(n)*
(einmal *viende* 778), auch im Reim auf *-anden* (468. 1176).

463   *sich gelenden* „zum Ziel, zum Ende führen" (Lexer I, 810) scheint
sonst nicht belegt zu sein, vgl. Roethe: Reimvorreden des Sach-
sensp. S. 37, Anm. 2. Reflexives *lenden* bei Schiller-Lübben II, 663b.

464   Der Gedanke wird erst verständlich, wenn man die Vorlage
beizieht: *Fere idem exitus est odii et amoris insani* (Mor.
dogma 19,9–10).

465   Könnte man *also me* wörtlich verstehen: „in dieser Weise,
nur noch mehr"? Sonst ist mit Haupt oder anders zu kon-
jizieren.

472   Hoefers Besserung des sinnlosen *v̄mederne* ist überzeugend;
unbederbe ist auch in der Schreibung *umbederbe* belegt
(Lexer II, 1752). Dazu paßt die Vorlage: *Dabimus munera
non superuacua* (Mor. dogma 17,23).

477   Der Vers wird verständlich, wenn man *dir* als reflexiven Da-
tiv faßt und annimmt, daß das Subjekt *du* erspart ist (vgl.
Anm. zu v. 416) oder fälschlich fehlt. Möglich ist auch die
Auffassung von *geniez* als stm., doch wird die Wendung *mir
ist geniez eines dinges* in den Wörterbüchern nicht belegt.

479ff. Sauerland hielt die Verse 479–482 für „stark corrumpiert"
und nahm „Ausfall von mindestens einem Verspaar" nach
v. 482 an (ZfdA 30. S. 16, Anm. 1). Im Mor. dogma heißt
es: *Quamuis autem omni petenti dare debeas, tamen in
beneficio habendus est delectus dignitatis. In quo spectandi
sunt mores eius cui datur et animus erga nos . . .* (16,20-22).
Von daher wird v. 480 etwas klarer, aber der Verdacht,
daß in diesem Vers etwas ausgefallen ist, bleibt. Weniger
wahrscheinlich ist die Auffassung von *gewere* als Adj. zu
gemute.

484   Auf der verstümmelten Zeile stand mehr als das von Haupt
vermutete *du gebin.*

486   Vgl. im Rother (Frings-Kuhnt): *wandiz mir zo danke is, daz du minis gotis gerochis* (978—79).

490   Der Vers ist in der überlieferten Form sinnlos. Elmendorf überträgt hier: *Quarto caue ne clam gratiam referas. Ingratus est qui remotis arbitris gratias agit. Hoc autem obserua in primis ut benigne accipias* (Mor. dogma 19,19—21). Vielleicht gibt *trut* lat. *benigne* wieder; aber eine einleuchtende Besserung ergibt sich mir nicht.

494   Vgl. im Mor. dogma: *Voluntati enim uoluntate satisfecimus, rem rei debemus* (19,22—23). Diese Perspektive bleibt im deutschen Text erhalten, wenn man *warten* hier nicht als „erwarten" versteht, sondern als „achthaben auf, sorgen für"; vgl. auch Anm. zu v. 498.

498   Der Instrumentalis des Pron. demonstr. wird in *A di* und *die* (1078) geschrieben, vgl. Weinhold § 483; öfter entstellt zu *dir* (884. 1061. 1179). — *warte scaden* heißt vielleicht „sei auf der Hut in bezug auf Schaden, habe möglichen Schaden im Auge".

500   Es ist unklar, ob *zware* = *ze wâre* (rührender Reim!) oder = *swâre* adv. „schwerlich" (vgl. v. 933) zu verstehen ist. Im zweiten Fall wäre *nicht* zu streichen.

502   *kampslac* ist nordmd. belegt: Morant u. Galie (Kalisch) 2632. 2740, vgl. Leitzmann S. 71. Der kriegerische Vergleich ist vielleicht von der Vorlage angeregt: *Reiciendi signum est . . . munus munere expungere* (Mor. dogma 19,16—18); für *expungere* schreiben einige Handschriften *expugnare*.

504   Ist *gâbe* nach *ein* zu ergänzen (vgl. den lat. Text in der vorigen Anm.) oder ist *ein* auf *minne* zu beziehen?

509   *diner vorsprechin* als Gen. Pl. ist kaum sinnvoll, da damit Leute gemeint sein müßten, die sonst den Angeredeten verteidigen. Neben Haupts Besserung könnte man erwägen: *dines vorsprechins.*

515   *den* ist hier als Adv. („sodann") zu verstehen; *icht gutes gelerin* wird im Sinn von „Rechtsbeistand leisten" gemeint sein.

520f.   Haupts Vermutung, daß die Pronomina der 1. Prs. falsch sind, hat viel für sich, vgl. v. 394ff. Merkwürdig ist *an sine ere wirkin*, das im Zusammenhang des Satzes kaum anders verstanden werden kann als „dahin wirken, daß jemand im Ansehen geschädigt wird". In der lat. Vorlage gibt es keinen unmittelbaren Anknüpfungspunkt.

532   Gemeint ist: die von Gott verliehene Gabe der Redekunst

soll nicht zur Vernichtung eines (guten) Menschen dienen: *Nam quid tam inhumanum quam eloquentiam ad salutem hominum datam ad bonorum perniciem conuertere* (Mor. dogma 21,18–19). Kann man den *A*-Text wörtlich übersetzen: „was dir Gott verliehen hat, das laß niemandem gegenüber eine Freveltat bewirken"? Glatter wäre *ze missestaten stân* im Sinne von *ze unstaten stân* „abträglich sein", aber *missestate* scheint sonst nicht belegt zu sein.

534 Zu *wur* vgl. Anm. zu v. 110.

545 *diñ*] *ein*?

548 Vgl. *Nam iudices sepe propter inuidiam adimunt diuiti* (Mor. dogma 21,24–25). *verdenken* „verdächtigen, beargwöhnen", das sonst nur mit Akk. belegt zu sein scheint, ist sehr viel schwächer als *adimere* „wegnehmen". Auch der Reim deutet auf Verderbnis.

554 *sitins*: zum Gen. auf *-ens* vgl. Weinhold § 458.

559 Elmendorf beginnt hier die Übertragung des Abschnitts *De religione* (Mor. dogma 23,5ff.). Daß er *religio* durch *redeliche* stf. (Ehrismann, ZfdA 56. S. 152, Anm. 2) bzw. *redelicheit* „die Fähigkeit zu reden, Beredtsamkeit, Vernunft, Vernünftigkeit" (Lexer II, 367) wiedergegeben hat, halte ich für ausgeschlossen. Wahrscheinlich ist hier, ebenso wie v. 625ff., die neue Tugend nicht begrifflich gefaßt. Wenn der überlieferte Text korrekt ist, muß man übersetzen: „die sollst du lieben, das ist vernünftig". Vielleicht ist zu lesen: *di saltu redelichen minnen*; vgl. im St. Trudperter Hohenlied (Menhardt): *von diu sehen die gaistlichen daz siu gewarliche unde redeliche minnen swaz siu minnen* (90,32 – 91,2).

568 Der Akk. Sg. *hin* für *in* (Weinhold § 476) begegnet in *A* nur hier.

570 Die ungewöhnliche Schreibung *rehenere* könnte auf eine Verderbnis deuten, zumal *rechenære* sonst erst sehr spät belegt zu sein scheint (Lexer II, 360; III, Nachträge, Sp. 345). Aber die Vorstellung von Gott als Rechner paßt gut in den Kontext und läßt sich auch mit dem Mor. dogma verbinden: *Si consilium uis, permittes ipsis expendere numinibus quid conueniat nobis . . .* (24,1–3).

580 Wahrscheinlich ist zu lesen: *ein rechter sin in dime gesundin libe*, denn Elmendorf überträgt hier: *Orandum est ut sit mens sana in corpore sano* (Mor. dogma 24,6).

587 Der Infinitiv *sin* ist entweder erspart (vgl. PMS § 379) oder

ausgefallen. Möglich ist vielleicht auch: „wie vermöchte die Torheit mehr als daß . . .“.

589 Die Schreibung *rumen* für *rûnen* ist mehrfach belegt: Lexer II, 538; Leitzmann S. 72.

591 Zur 3. Pl. Ind. *sîn*, die auch im Reim erscheint (476. 925), vgl. Weinhold § 364.

607 *wert* ist Adv. „wärts“.

608 Es ist nicht zu entscheiden, ob *di* für *dir* (hier und v. 805) Verschreibung oder thüringisch-nddt. Dialektform ist, vgl. Weinhold § 473.

622 Zu *mach* vgl. Anm. zu v. 278. *vercien* ist offenbar = *verzîhen* „aufgeben, sich lossagen von“, meistens mit dem Genitiv. Ist zu lesen: *beider*?

623 *mâzen* trans. mit Akk. „abmessen, abwägen“.

626 Zu *darft* vgl. Anm. zu v. 278.

653 Elmendorf überträgt hier: *Hanc* [sc. *innocentiam*] *seruare qui uolet, omnia scelera sua, licet minima, estimet magna* (Mor. dogma 25,16–17). Der Reim ist sicher falsch. Haupts Vorschlag kann sich auf v. 392 berufen.

659 Vgl. *Nam uitiis nemo sine nascitur; optimus ille est qui minimis urgetur* (Mor. dogma 25,18–19). Die starke Form *cleine* ist ungewöhnlich; wahrscheinlich hat der *A*-Schreiber einen Nasalstrich übersehen.

660 Die md. Form *di* für *der* (Weinhold § 482) begegnet noch v. 827. Ich verstehe: „der vermag in bezug auf die größten Sünden um so mehr zu erreichen“.

662 In der überlieferten Form ist *tustu iz* auf die Befolgung des in v. 661 erteilten Rats zu beziehen. Bezieht man es auf das, wovor dieser Rat warnte, so fehlt eine Negation.

673 Elmendorf geht hier von *De innocentia* (Mor. dogma 25,11ff.) zu *De amicitia* (26,4ff.) über. Ist eine Abschnittsgrenze ausgefallen?

680 *virzugit* = *verziuhet* „sich entfernt“.

681f. *pruben* ist die md. Form von *prüeven*, z. B. Elisabeth (Bartsch) 5016 und Weinhold § 162. *betruwen* ist ebenfalls md. für *betrüeben*, vgl. Weinhold § 176, wo auch der Reim *betrüeben : prüeven* aus md. Quellen belegt ist. Ist nach *eineme* ein Substantiv ausgefallen? Ich verstehe den Satz, zu dem die Vorlage keine unmittelbare Entsprechung bietet, als Ausführung des vorangehenden: „wenn der eine schlecht behandelt wird, fühlt sich auch der andere geschädigt“.

64

696 Das folgende Zitat stammt nicht, wie Elmendorf angibt, von Seneca, sondern von Cicero: *Hec quidem lex est in amicitia ut neque rogemus res turpes, nec faciamus rogati* (Mor. dogma 26,7—8).

705 Ausfall oder Nichtbezeichnung des pronominalen Subjekts, vgl. Anm. zu v. 416.

713f. Elmendorf greift hier auf den Abschnitt *De cautione* zurück: *Et Cicero: 'Nulle sunt occultiores insidie quam hee que latent in similitudine offitii'* (Mor. dogma 10,23—24). Von daher erübrigt sich Haupts Ergänzungsvorschlag. Die ungewöhnliche schwache Form des Adjektivs läßt nicht erkennen, ob *gebere* stf. oder stn. ist. Der neue Abschnitt beginnt besser schon v. 709.

731 Elmendorf springt hier mitten hinein in das Kapitel *De fortitudine* (Mor. dogma 30,1ff.), über die dritte Kardinaltugend. Hier könnte sinnvoll ein neuer Abschnitt beginnen. — Der Imperativ des Verb. subst. begegnet sonst in den Formen *wes* (808), *wis* (1026) und *bis* (6 mal).

732 *vuele*: intervokal. *b* ist in *A* nur an dieser Stelle *u* geschrieben, vgl. Anm. zu v. 681f.

742 Man muß mit Haupt *zucke* lesen (vgl. Anm. zu v. 247) oder ein Modalverb (*wil*) ergänzen; dann ist zu verstehen: „was man dir zur Schmach wenden will, dem sollst du dich mit Tapferkeit entziehen". Oder gehört *zu lastere* zu *dir*: „was man (= wenn man etwas) zu deiner Schande wegnimmt, dagegen sollst du . . ."?

756 Das überlieferte *reden* könnte die nordmd.-nddt. Form für *reiten* „bereiten, zurüsten" sein. *e* für *ei* schreibt *A* auch in *Heligenstat* (12), *wez* (190), *lediste* (220); intervokalisch unverschobenes *d* begegnet in *A* gelegentlich (vgl. oben S. XVI). Man erwartet allerdings ein Objekt oder ein Reflexivpronomen. Daß der Vers auf die Kriegsvorbereitungen zielt, bestätigt die Vorlage: *Secundum* [sc. *officium*] *priusquam aggrediare adhibere diligentem preparationem* (Mor. dogma 37,6—7).

759 Es ist nicht zu entscheiden, ob *du* ausgefallen ist oder ob Nichtbezeichnung des pronominalen Subjekts vorliegt; vgl. Anm. zu v. 416.

764 *tuon* in der Bedeutung „lassen, heißen" kommt öfter vor: v. 295. 298. 532. 890.

769f. Die Konstruktion *ez stêt geschriben umbe die müedecheit* ist möglich: „denn in bezug auf die Untätigkeit steht es folgendermaßen bei L. geschrieben". Wahrscheinlich hat Haupt jedoch recht mit der Vermutung, daß *ist* zu ergänzen ist (oder das pronominale Subjekt, wenn man *iz = is = ist* versteht): „denn es verhält sich mit der Untätigkeit, so wie es bei L. geschrieben steht", vgl. v. 538. Elmendorf überträgt: *Hec uirtus* [sc. *magnanimitas*] *torporem sic excitat: Tolle moras! semper nocuit differre paratis* (Mor. dogma 30,25–26).

774 Leitzmanns Besserung des sinnlosen *sin* ist einleuchtend; *sît, sint* kommt sonst bei Elmendorf weder als Adv. noch als Conj. vor.

775f. Vgl. im Mor. dogma: *Variam semper dant otia mentem* (37,25). Ist danach der deutsche Text zu verstehen: „die Untätigkeit hat keine andere Qualität, als daß sie eine unbeständige Gesinnung fördert"? Dann wäre *wenne = wan* „außer". Ist zu lesen: *wan daz*? Oder liegt eine stärkere Verderbnis vor?

780 *kunete* weiß ich nicht zu deuten. Haupts *küenem* halte ich nicht für richtig, denn m.W. steht *küene* selten bei abstrakten Begriffen und *ellen* begegnet selten mit schmückendem Adj.

784 Das sinnlose *wuntlich* kann auf vielfache Weise gebessert werden. Wenn mit dem *volc* die eigenen Soldaten gemeint sind, muß ein Wort mit positiver Bedeutung angesetzt werden. Es ist jedoch nicht nötig, mit Sauerland zweisilbigen Reim herzustellen, da die Adjektive und Adverbien auf *-lich(e)* nur die Ableitungssilbe reimen (333. 919), abgesehen von *kuntlich : unverwuntlich* (813f.); s. dort. Ebenso gut wie die vorgeschlagenen Besserungen scheinen mir *wunschlich* oder *vriuntlich*. Die Entscheidung müßte willkürlich ausfallen.

792 Elmendorf überträgt hier: *Quartum officium est plus turpitudinem quam mortem horrere, plus ad honestatem quam ad salutem uel alia commoda spectare, non tamen rumores saluti preponere* (Mor. dogma 37,20–22). *an einem dinge stân* heißt „auf etwas beruhen, von etwas abhängen" (BMZ II[2], 572a), vgl. v. 837, wo Elmendorf *stân an* in der Bedeutung „bei etwas beharren" benutzt. Danach könnte hier gemeint sein: „das Ansehen kann nicht vom Leben abhängen". *werlt* in der Bedeutung „Leben" ist bezeugt (BMZ III, 578); *ubele* in der Bedeutung „schwerlich" oder ironisch als „wenig, gar nicht" begegnet

66

bei Elmendorf noch v. 954. So ließe sich dem Vers zur Not ein Sinn abgewinnen; wahrscheinlich ist der Text verderbt.

793 Schwach flektiertes *sige:* Weinhold § 459.

795 Vgl. im Mor. dogma: *Octauum officium (est) parta uictoria conseruare eos qui non crudeles, non immanes fuerunt* (38,6–7). Danach scheint Haupts Besserungsvorschlag in die Irre zu gehen, denn mit den *besten* sind offenbar die gemeint, die *non crudeles* waren. *hilfen* ist wahrscheinlich Imperativ mit enklitisch angehängtem Pron. *in*, wie Kienast vermutet.

798 *bestin* „kann doch wohl, wenn die Überlieferung richtig ist, nichts anderes als ,fesseln' heißen" (Leitzmann S. 66). Da v. 797 fehlt (oder fehlt ein Vers nach *bestin*?), ist der Zusammenhang der Aussage nicht mehr zu erkennen.

803 Wenn *valschis* Gen. ist, würde man nach Ausweis der Wbb. (mit Haupt) ein Personalpronomen als Akk.-Objekt erwarten, das eventuell erspart sein könnte (vgl. Anm. zu v. 125): „wer würde ihn der Falschheit verdächtigen?". Wenn man *valschis* = *valschiz* als Akk. faßt, müßte man mit der Bedeutung „bedenken, erwägen" auskommen: „wer würde Falschheit in Erwägung ziehen?" (BMZ I,348; Lexer III, 92f.).

805 Zu *di* vgl. Anm. zu v. 608. Elmendorf beginnt hier die Übertragung des Kapitels über die *constantia* (Mor. dogma 39,1ff.). Vielleicht hat hier ein neuer Abschnitt im deutschen Text angefangen.

808 Zu *wes* vgl. Anm. zu v. 731. Dieselbe Wendung begegnet Morant u. Galie (Kalisch): *off ir vrs hertzen sit so vry* (2499).

810 Zur Nichtbezeichnung des Infinitivs vom Verbum subst. in der Wendung *leit wesen lâzen* vgl. PMS § 379,3. Bei Elmendorf wahrscheinlich noch [un]*mære (wesen) lâzen* (1184).

814 Das handschriftliche *vnuerwuntlich* „unverwundbar" (in den Wbb. nicht belegt) ist vielleicht verderbt, da die Bedeutung nicht recht paßt. Elmendorf überträgt hier: *Nam argumentum bene composite mentis est posse consistere et secum morari* (Mor. dogma 39,3–4). Dem *posse consistere* würde wörtlich entsprechen *unverwantlich* „unveränderlich". Lexer (II, 1971) belegt allerdings nur das Adj. *unverwant* und das Adv. *unverwantlîchen*. Zum Reim vgl. Anm. zu v. 784.

816f. *verweichen* ist sehr selten (Lexer III, 298); gewöhnlicher wäre *erweichen*. Die Syntax ist undeutlich. Wenn man nach *verweichin* Punkt setzt, muß man entweder mit Haupt ein pronominales Objekt ergänzen oder *man* = *wan* verstehen und *nicht* als Subjekt auffassen. Die Aussage wird deutlicher, wenn man *sin herce* als Objekt zu *verweichin* zieht, vgl. Halberstadt (Bartsch): *lâ dîn herze weichen* (XXXIV, 164); Konrads Trojanerkrieg (Keller): *mîn herze lân erweichen* (21712). Dann müßte man hier allerdings die Konstruktion ἀπὸ κοινοῦ ansetzen, falls man nicht lieber nach *herce* Komma macht und *ez* oder *er* einfügt.

818 Zu *vnbetriben* vgl. Anm. zu v. 70.

820 *di*] *diz*?

824 Da *geruowen* nur im Part. Prät. transitive Bedeutung haben kann (BMZ II[1], 820), verdient Haupts Änderung sicherlich den Vorzug. Statt *daz* könnte auch *da* gelesen werden, an das sich *da* in v. 825 gut anschließen würde.

825 *danne als* ist auffällig: vielleicht ist der Text verderbt. Belege für *treten ûf* eigentlich und bildlich: BMZ III, 96b; Lexer II, 1506. Haupt verweist in den Anmerkungen zu Hoffmanns Text auf Parzival (Lachmann) 181,7: *seht wie kint ûf schocken varn*. Leitzmann (S. 66) stützt seinen Vorschlag *rîtet* (tatsächlich steht bei Leitzmann *rêtit*, aber das muß ein Druckfehler sein) mit Hinweis auf Neidhart (Wiessner-Fischer) 48,14: *dô si reit (rayett c) mit kinden ûf dem seile*.

826 Man erwartet *allen den tac* wie *allin den lib* (266) oder *al den tac* wie *al daz iar* (28).

827 Zu *di* vgl. Anm. zu v. 660.

836 *ane kumen* mit persönlichem Subjekt: BMZ I, 903b. Oder ist *kumit in* zu lesen?

840 Wenn *nvmmer* korrekt ist, wird man *des namen* (839) auf *vnstetikeit* (836) beziehen müssen. Wahrscheinlicher ist Haupts Besserung.

842 Man kann bei dem überlieferten Text bleiben, wenn man *geanden* als md. Schreibung für *geenden* ansieht (Weinhold § 27), wie Lexer vorgeschlagen hat (I, 746). Wenn man dagegen der Ansicht ist, daß *ein leit geanden* durch *daz leit gerechen* (845) paraphrasiert wird, und an *geanden* „zum Vorwurf machen, rügen" (Lexer I, 746) denkt (Elmendorf benutzt v. 467 das swm. *ande* „Kränkung"), wird man mit Haupt ändern müssen.

844 Die Abschnittsgrenze, die nur hier ins Reimpaar fällt, ist

wahrscheinlich falsch gesetzt. Besser erfolgt der Einschnitt nach v. 840.

849   *clagetwanc* ist in den Wbb. nicht belegt. Elmendorf überträgt hier: *Inscitia est enim aduersus stimulum ut calces* (Mor. dogma 41,7).

855   Elmendorf beginnt hier die Übertragung aus dem Kapitel über die vierte Kardinaltugend, *De temperantia* (Mor. dogma 41,10ff.); dabei überspringt er den langen Abschnitt *De modestia* (42,1ff.) und setzt erst bei *De verecundia* (48,13ff.) ein.

860   *dunken* steht zwar sonst mit Akk. (*mich dunket* 315. 654) oder Dat. (*mir dunket* 1068), doch ist auch der absolute Gebrauch gut bezeugt (BMZ I, 359), so daß Haupts Ergänzung nicht zwingend erscheint. Es könnte auch Nichtbezeichnung des pronominalen Objekts (vgl. Anm. zu v. 125) vorliegen. – Der Schreiber von *A* hat hier wie auch v. 1058 die Versgrenze nicht erkannt, vielleicht weil das Reimwort schon in seiner Vorlage ausgefallen war. *(ge)wone* reimt bei Elmendorf stets auf *ane* (405f. 835f. 895f. 1185f; *gewonet* einmal auf *manet* 1043f.). Eines der beiden *nicht* ist sicherlich zu streichen. Die Ergänzung am Versende wird auch dadurch wahrscheinlich, daß v. 861 in der überlieferten Form sinnlos ist (vgl. Haupts Konjektur-Vorschlag).

865   Das überlieferte *gelazt* ist nur zu halten, wenn man von der Bedeutung „zu Ende bringen" (Lexer I, 1892) im Sinne von „fertig bringen" ausgeht; auch dann würde man aber v. 866 *an siner stat* erwarten. Wahrscheinlich trifft Haupts Konjektur *gesazt* das Richtige (vgl. lat. *posuit* in dem zu v. 867 zitierten Satz in der Vorlage). Elmendorf reimt das Prät. von *setzen* stets in der rheinischen Form mit unverschobenem *-t* (918. 1165). Hält man im übrigen den überlieferten Text für korrekt, so muß man v. 865–67 als einen durch *dâ nâch* „entsprechend" eingeleiteten Korrelativsatz ansehen, der v. 868 durch *al dâ* aufgenommen wird: „entsprechend der Tatsache, daß die Natur jeglichem [Körperteil] seine Stelle angewiesen hat, sichtbar oder versteckt, entsprechend kann man die Wörter zulassen". Aber weder *dâ nâch* noch *al dâ* kommen sonst bei Elmendorf in dieser Funktion vor. Vielleicht ist in v. 865 nach *da na* ein Verbum der Aufforderung ausgefallen.

867   Der Sinn der Aussage wird erst verständlich, wenn man die

69

Vorlage heranzieht: *In compositione namque corporis nostri magnam rationem uidetur habuisse natura. Figuram enim nostram, in qua est honesta species, in aperto posuit, partes autem ad necessitatem nature datas ideo abdidit, quia deformem aspectum habiture erant* (Mor. dogma 48,13–17). *vbirlut vnd vorholen* muß sich danach auf die sichtbaren und die verhüllten Körperteile beziehen. Ähnliche Doppelformen verzeichnen Frings-Schieb, PBB 70. 1948. S. 125.

868   Zu *gedoln* in der Bedeutung „dulden, geschehen lassen, zulassen" vgl. Frings-Schieb, PBB 70. 1948. S. 123.

869f.   Das Mor. dogma zitiert weiter aus Ciceros De officiis: *Que enim natura occultauit, ea remouent ab occulis omnes sanam mentem habentes . . . In uerbis quoque seruanda est uerecundia. Quarum enim partium usus sunt necessarii, eas neque partes neque earum usus suis nominibus apellant* (48,18–23). Die Anregung durch diese Sätze ist deutlich, aber offenbar hat Elmendorf den Sinn der Aussage verändert. Wenn ich seine Verse richtig verstehe, will er sagen: „was aus Schamgefühl den Augen verborgen wird, darf sprachlich sichtbar gemacht werden". Dieser Gedanke klingt auch bei Cicero an, wenn er fortfährt, daß die Menschen manches Unsittliche und Schändliche (wie Straßenraub und Ehebruch) beim rechten Namen nennen, während der Ausdruck für manches Sittliche (wie Kinderzeugen) als anstößig gilt: *. . . quod ea, quae re turpia non sint, verbis flagitiosa ducamus, illa autem, quae turpia sunt, nominibus appellemus suis* (De officiis [Atzert] I, 35, 128). Dieser Satz fehlt allerdings in Holmbergs Ausgabe des Moralium dogma philosophorum.

872   *nôtlîchen rât* „Ratschlag in einer ernsten Angelegenheit" kenne ich noch aus Eberhards Gandersheimer Chronik (Wolff) 802. Elmendorf überträgt: *Viciosum est etiam in re seuera delicatum inferre sermonem* (Mor. dogma 48, 23–24). – Ich ergänze das Reimwort (das hier wie v. 860. 901 und 1055 ausgefallen ist) nach Haupts Vorschlag. Elmendorf reimt *(ge)zimet* nur auf *nimet* (801. 933). Haupts Besserung der Syntax erleichtert das Verständnis; aber der überlieferte Text ist zur Not zu halten.

873   Elmendorf reimt gelegentlich überschüssiges *-t* (1011. 1186), vgl. Anm. zu v. 278. Daher ist nicht sicher, ob hier mit Leitzmann *phlege* zu lesen ist.

883 Auch hier ist der Text ohne Beiziehung der Vorlage fast un-
verständlich. Elmendorf überträgt: *Si enim garrulum accuses,
respondet: 'Plenus sum rimarum, hac et illac perfluo'* (Mor.
dogma 49,26—27).

884 Zu *di* vgl. Anm. zu v. 498.

885 „*zuo eischen* kann ich sonst nicht belegen" (Leitzmann
S. 70). Vielleicht ist zu lesen: . . . *mir daz zu helin eischen.*
Gemeint ist offenbar: „wie kannst du von mir verlangen,
das geheim zu halten, wonach ich dich nicht gefragt habe",
vgl. *non enim potes ab alio exigere silentium, si tibi non
prestiteris* (Mor. dogma 49,25—26).

886 Ist mit *er vereische* gemeint *ervreische* (Lexer I, 693)? Daß
er als Adv. („vorher") aufzufassen ist, ist unwahrscheinlich.

887 Ist nach *si dir* ein Adj. oder ein Partizip (*kunt? gesaget?*) zu
ergänzen?

888 Nach Imperativ steht *du* auch v. 1013. 1028; vgl. PMS §
270a.

891f. Ich teile Haupts Zweifel am überlieferten Wortlaut, denn die
Aussage, daß der Trinker keinen Schaden daran nimmt, läßt
sich auch dann nicht dem deutschen Kontext einpassen,
wenn man berücksichtigt, daß im Moralium dogma in die-
sem Zusammenhang Horaz zitiert wird, der die schönen Fol-
gen eines Rausches besingt (51,22—25). Ganz unklar bleibt
auch, worauf sich der Pl. *in* (892) bezieht. Man könnte den
Text lesbar machen, wenn man *in* und *im* in beiden Versen
vertauscht und v. 891 auf v. 892 bezieht: *ez in schadit in-
keiner maze: mit im ezzen saltu lazen* „es schadet in keiner
Weise, wenn du es unterläßt, dich mit dem Trinker an einen
Tisch zu setzen". Oder ist nach v. 890 ein Verspaar ausge-
fallen, in dem das neue Thema (Unmäßigkeit beim Essen)
eingeführt wurde?

895 *vnd* hat hier offenbar die Funktion, den Beginn eines Kon-
ditionalsatzes zu markieren; vgl. PMS § 338, Anm. 1.

897 Elmendorf beginnt einen neuen Adhortativsatz häufig mit
und (511. 577. 764 usw.); daher braucht man nicht zu än-
dern.

899 Im Anschluß an die vier Kardinaltugenden, die unter dem
Titel *De honesto* zusammengefaßt sind, handelt das Mora-
lium dogma *De utili* (54,1ff.). Daraus hat Elmendorf das
Folgende übertragen. Vielleicht fehlt in *A* eine Abschnitts-
grenze.

901f. Vgl. *danne abe hortich Oratium sagen, daz si seldin wol in ein getragen vnd sich dicke vnebene wegen* (981–983). Entsprechend ist wahrscheinlich die Stellung von *wol* in v. 902 zu ändern. Ich glaube, daß v. 901f. genauso konstruiert ist wie v. 982f.: Subjekt ist das Pron. *si*, das die beiden v. 903 genannten Begriffe zusammenfaßt, und *in ein getragen* ist absolut gebraucht. Nicht auszuschließen ist jedoch, daß *si* Konj. Präs. vom Verbum subst. ist und *getragen* Part.

904 Hoefers Vorschlag (*diner grôzen schœne*) trifft wohl nicht das Richtige, da hier nicht mehr von der Schönheit die Rede ist, sondern von der *nobilitas*. Aber es ist nicht unwahrscheinlich, daß nach *grozen* ein Wort fehlt. Andernfalls müßte *grozen* ein substantiviertes Adj. sein und die angesehenen Mitglieder der Familie bezeichnen, da ein schwach flektiertes Abstraktum *grôze* nicht belegt zu sein scheint.

907 In der Vorlage ist von den *maiores* und den *posteriores* die Rede: *Quanto enim uita maiorum preclarior, tanto posteriorum socordia flagitiosior* (Mor. dogma 54,14–15). Der Satz stammt übrigens nicht von Seneca, wie Elmendorf angibt, sondern von Sallust. Sicherlich sind bei Elmendorf die Väter gemeint und nicht die Vaterbrüder (*vetere* swm.); ein schwach flektierter Plural von *vater* scheint jedoch nirgends bezeugt zu sein.

910/914 Die Wörterbücher (BMZ I, 329; Lexer II, 1814; III, 832) verzeichnen *widerdige* swm. und *undige* swm. aus der Elmendorf-Handschrift *A* als ἅπαξ λεγόμενα in der Bedeutung „einer der aus der Art geschlagen ist" bzw. „einer der nicht von edlem Geschlechte ist". Ich halte den Ansatz beider Wörter (die Hs. schreibt übrigens *wederdigen* und *undiege*) für ganz fragwürdig, da Mhd. oder Mnd. weder das Subst. *dige* swm. „Abkömmling" noch eine Zusammensetzung damit belegt sind. Roethes (Reimvorreden des Sachsenspiegels. S. 37, Anm. 2) Hinweis auf die Braunschweigische Reimchronik bringt nichts ein, da dort (Weiland 8140) *zo undige* „zum Verderben" steht; dieses *undige* (Schiller-Lübben V, 25a) kommt ebenso wenig wie das positive *dege, dige* (ibid. I, 494b; I, 516a) als Personenbezeichnung vor. Vielleicht handelt es sich bei Elmendorf um Verschreibungen für *werdigen, unwerdige* mit md. *e* für obdt. *wirdige* (vgl. Anm. zu v. 825). Auch inhaltlich paßt die bisher angenommene Bedeutung schlecht: „soll man es ihnen zum

72

Vorwurf machen, daß sie aus der Art Geschlagene sind?" Selbstverständlich muß man sie dafür tadeln. Besser ist: „Soll man ihnen vorwerfen, daß sie Vornehme genannt werden?" Die Vorlage trägt nicht viel zur Klärung bei. Vielleicht hatte Elmendorf hier eine Juvenal-Stelle im Auge: *Quis enim generosum dixerit hunc qui indignus genere est, preclaro nomine tantum insignis?* (Mor. dogma 55,1–3), die in der mndfrk. Übersetzung (die ihrerseits auf der afrz. Übertragung des lat. Textes beruht) wiedergegeben wird durch die Frage: *war v̊mbe sal ic den finen edel heiten dī fel is inde quait inde dorper?* (Holmberg S. 155, 15–16). Vielleicht gab es in Elmendorfs Vorlage einen noch genaueren Beziehungspunkt, denn auch das unmittelbar folgende Juvenal-Zitat (v. 911ff.) findet sich nicht in Holmbergs lat. Text des Moralium dogma, stand aber ebenfalls in der lat. Vorlage der afrz. Übersetzung (vgl. Holmberg S. 154, 17ff.).

916   *iz* läßt sich als Gen. erklären und braucht nicht gestrichen zu werden, wie Leitzmann vorschlug. Der Reim *an nemes : spr[e]ches* würde ganz aus dem Rahmen fallen, und *spræches* paßt auch inhaltlich nicht. Der Konj. Prät. von *nemen* reimt sonst stets auf die entsprechende Form von *komen* (1189f. 1203f. 1207f.). Man kann erklären, wie die Verschreibung zustande kam. Der *A*-Schreiber hat v. 151 *spricht* für *quit* (so liest *B*) geschrieben, und so offenbar auch an anderen Stellen, denn das Verbum *queden* kommt in *A* überhaupt nicht vor. Auch im Reim auf *gesiet* schreibt *A sprichit* (677. 911), wo wahrscheinlich *gesît : quit* zu lesen ist. Wie sehr der *A*-Schreiber bemüht war, alle Formen von *queden* zu tilgen, zeigt sich auch v. 1105, wo er für *quilit* zuerst *sprich* geschrieben hat (weil er offenbar eine Form von *queden* vor sich zu haben glaubte), das dann durchgestrichen und durch *quilet* ersetzt wurde. So wohl auch hier: das geforderte *quemes* hat ihn offenbar wieder an *quedes* erinnert, und er hat *sprches* dafür eingesetzt.

917   Zur Konstruktion vgl. Anm. zu v. 350.

918   Die Präsensform ist sicher fälschlich für *settis* eingetreten; vgl. Anm. zu v. 865.

927f. Ich vermute, daß hier, parallel zu v. 925f., wieder ein Korrelativsatz mit nachgestelltem Hauptsatz beabsichtigt ist: „und je mehr deine Feinde zu tun imstande sind, um so weniger Ruhe hast du vor ihnen". Man ist versucht, diesen vermuteten Sinn durch Einfügung eines *só* in v. 927 zu verdeutlichen. So wie der Text überliefert ist, hat das *vnd* die Funktion, den Korrelativsatz v. 927 dem vorausgegangenen Korrelativsatz v. 925 parallel zu schalten.

932 Das überlieferte *dem ersten* müßte sich auf den angesehensten unter den Verwandten beziehen: „wenn man jemals seiner gedenkt in Verbindung mit dem ersten seiner Verwandten". Wahrscheinlich steht *ersten* jedoch, wie Haupt vorschlug, für *ergsten* (vgl. v. 920), auf Grund von Kontraktion oder Verschreibung. *gewage* ist am besten als Konj. Präs. von *gewahen* stv. „erwähnen, gedenken" (md. Form *gewagen*: Lexer I, 971) zu erklären. Die Verknüpfung mit *gewehenen* swv. (so Haupt) ist unnötig. Allenfalls könnte man noch an den Konj. Prät. von *gewegen* stv. „zurechnen" denken.

939 Nachdem Elmendorf aus dem Abschnitt *De bonis corporis* (Mor. dogma 54,8ff.) übertragen hat, wendet er sich nun *De praediis* (55,20ff.) zu. Vielleicht fehlt eine Abschnittsgrenze.

947 Ist zu lesen: *ein hus ze groz*?

949f. Der Reim *selden : brengen* deutet auf Verderbnis. Vielleicht sind nach v. 949 zwei Verse ausgefallen (Blattwechsel!). Versucht man mit dem überlieferten Text auszukommen, so wird v. 949 als Hauptsatz aufzufassen und zu v. 947f. zu ziehen sein; v. 950 könnte vorgestellter Relativsatz zu *geste* (951) sein.

952 Die Gäste können nicht gleichzeitig die Dienstboten (*hîwen*) sein; daher ist mit Sauerland zu ändern.

954ff. Man wird der Syntax am ehesten gerecht, wenn man v. 955f. in Parenthese setzt und *iz* (954) als ein auf v. 957 vorausweisendes Pronomen versteht. Der Hauptsatz ist durch *vbele* formal verneint: das ist die Voraussetzung für das pleonastische *ne* in v. 957 (PMS § 334, 3). „Wenn es aber an einer Straße steht, so kann ein *guot man* (ein Angesehener? ein Ehrenwerter? ein Armer? ein Pilger?) es kaum vermeiden, dort einzukehren, wenn er dort vorbeikommt und das große Haus bemerkt". Wenn man *iz* (954) auf das Haus bezieht, bereitet die syntaktische Interpretation von v. 957 Schwierigkeiten. Möglicherweise ist zu verstehen: „Wenn der Vorbeikommende dort nicht einkehren wollte, so gereicht es

74

dem Herrn schwerlich zur Ehre, daß er ein leeres Haus be-
wohnt". So ähnlich steht es im Moralium dogma, wo aller-
dings der Akzent darauf liegt, daß das große Haus früher, als
es einem anderen Herrn gehörte, viel besucht wurde: *ampla
autem domus, si in ea est solitudo, dedecori est domino,
maxime si alio domino solita est frequentari. Odiosum est
enim, cum a pretereuntibus dicitur: 'O domus antiqua, quam
dispari dominaris domino!'* (56,3—8).

959   Zu *vinde* vgl. Anm. zu v. 247.

972   Das einleitende *daz* könnte konsekutiv auf v. 968f. bezogen
       werden; oder — das halte ich für wahrscheinlicher — es leitet
       einen Wunsch- bzw. Aufforderungssatz ein, der auf keinen
       übergeordneten Satz bezogen ist, ebenso wie v. 976, vgl.
       PMS § 360,1.

973   Wenn *iz = îs* „Eis" ist, ist *daz* entweder Artikel oder konseku-
       tive Conj., anschließend an *nicht vnwerehaft*. Falls *daz iz =
       daz ist* zu verstehen ist, explikativ zu *winteris ingesinde*,
       müßte man mit der Konstruktion ἀπὸ κοινοῦ rechnen.

977   Hier beginnt die Übertragung des Abschnitts *De clientelis*
       (Mor. dogma 57,18ff.). Vielleicht hatte Elmendorf den neuen
       Abschnitt markiert.

984   Es liegt nahe, mit Leitzmann *der eine* zu lesen.

988   *vntetliche* könnte zum Adj. *untætlich* „falsch, schandbar"
       gehören, das Lexer (II, 1944) allerdings erst aus dem 15. Jh.
       belegt. Noch besser paßt Haupts *unstetelîche* „schnell"
       (BMZ II², 606b). *zuvarn* ist = *zervarn* „weglaufen".

994   *wise* ist n-loser Infinitiv (Weinhold § 372). Elmendorf reimt
       den Inf. meistens auf Wörter, die auf *-n* auslauten, gelegent-
       lich auf Wörter ohne *-n* (161. 517. 885. 937. 955. 957. 1003).
       Zu trennen davon ist die Unsicherheit des *A*-Schreibers in
       bezug auf auslautendes *n*, vgl. Anm. zu v. 247.

997   Das Reimwort ist offenbar verstellt wie in v. 653 und 947;
       oder der Reim ist unsauber.

1004ff. Wenn man das überlieferte *den lip* halten will, wird man
       es parallel zu *den geist* (1003) ordnen müssen und nach v.
       1004 Punkt setzen. Der Gedanke läßt sich allerdings nur
       schwer dem Kontext einfügen. *er* in v. 1005 könnte allge-
       mein verstanden werden: „es gibt niemanden, der so mäch-
       tig ist, daß er den Geist gegen dessen Willen zurückhalten
       kann". Dann wäre *si* Infinitiv ohne *-n* und *gewalde* schwach
       flektiertes prädikatives Adj. (vgl. PMS § 259/261). Viel

leichter wird die Auffassung, wenn man mit Haupt *der lip* liest und v. 1004 zum folgenden zieht: „der Körper hat keine solche Gewalt über den Geist, daß er ihn gegen seinen Willen zurückhalten könnte". Dann ist *si* = *sîn* (Gen. des Pron. pers.) und *gewalde* Infinitiv ohne *-n*. Diese Auffassung wird auch von der Vorlage nahegelegt: *Corpora obnoxia sunt dominis, mens sui iuris est, adeo libera et uaga, ut nec ab hoc carcere, cui inclusa (est), teneri possit, quo minus impetu suo utatur et ingentia agat et in infinitum comes celestibus exeat* (Mor. dogma 57,20–24).

1006 Belege für schwach flektiertes *wille* ohne *-n* in md. Texten bei Weinhold § 458. *behalde* ist wieder Inf. ohne *-n*.

1007 Absolut gebrauchtes *rûmen* „fortgehen" ist gut bezeugt (Lexer II, 535f.).

1008 Ich glaube nicht, daß *stoc* lat. *carcer* wiedergibt (vgl. den lat. Text in Anm. zu v. 1004ff.). Mhd. *stoc* ist zwar in der Bedeutung „Gefängnis" gut belegt (BMZ II^2, 654; Lexer II, 1206f.), aber für die übertragene Bedeutung *stoc* = *lîp* = „Gefängnis der Seele" habe ich keinen Beleg gefunden. *stoc* wird dagegen häufig vergleichend für die Leblosigkeit des Körpers benutzt, z.B. *sus lac er stille âlsam ein stoc* Wigalois (Kapteyn) 5345; *so ist der lichnam als ein wûste stal oder als ein stok* Adt. Predigten (Schönbach) I, 276, 10f. Danach sind hier mehrere Ergänzungen denkbar: *so blibet ein stoc? so blibet der lip ein stoc? so blibet er als ein stoc?* usw.

1019 Eine Verneinung scheint unentbehrlich.

1021 Die Unterscheidung zwischen den Pflichten des Herrn gegenüber seinen Dienern (v. 977–1020 bzw. bis 1014) und den Pflichten des Dieners gegenüber seinem Herrn (v. 1021–1062) ist so in der lat. Vorlage nicht vorgeprägt. Beginnt v. 1021 (oder schon v. 1015?) ein neuer Abschnitt?

1034 Gemeint ist offenbar: „magst du es auch teilweise nötig haben".

1048 Ich verstehe *roue* = *ruofe*. In *A* steht mehrfach *o* für *uo*: *rome* (355), *stahelhot* (766). Lexer (II, 546) belegt *ruof* für Tiergeschrei. Vgl. Leitzmann (S. 67): „In *roue* muß eine Bezeichnung für das Rabengeschrei stecken: etwa *rône* < *rohene* oder *râre rêre rôre* . . .".

1049 Warum der Rabe „armselig, elend" genannt wird, ist nicht recht einzusehen; vielleicht ist der Text verderbt.

1058 Haupt rechtfertigt seine überzeugende Textbesserung mit

Hinweis auf die Vorlage, die hier Juvenal zitiert: *Nam lingua mali pars pessima serui* (Mor. dogma 59,17).

1060 Ist *deme* für *cleinē* zu lesen? Vgl. v. 391, wo *A* umgekehrt *deme* fälschlich für *cleine* schreibt.

1061 Zu *di* vgl. Anm. zu v. 498.

1063 Hier beginnt die Übertragung aus dem Abschnitt *De peculio, thesauro, ornatu* (Mor. dogma 59,21ff.), wobei Elmendorf im einzelnen sehr selbständig verfahren ist. Man erwartet eine Abschnittsgrenze.

1070 In der überlieferten Form ist der Vers m.E. nicht zu halten. Mindestens ist mit Leitzmann das sinnlose *der* zu ändern. Auch der Reim ist verdächtig, denn Elmendorf reimt *gân* und *stân* sonst stets auf *â* (*mê* begegnet ebenfalls nur hier im Reim). Wenn *zuste* richtig ist, ist es sicherlich nicht mit *zuo-stân* „zuteil werden, zustehen" zu verbinden, sondern mit *zer-stân* „fehlen, mangeln". Der Satz ist entweder als Hauptsatz an v. 1069 anzuschließen („dann gibt es nichts mehr, was dir mangelt", d.h. „so hast du alles") oder als Konditionalsatz zum folgenden zu ziehen.

1071f. Der Gedanke ist offenbar: der schnellste Weg, reich zu werden, ist, mit dem, was man hat, zufrieden zu sein und den Reichtum zu verachten. So steht es in der Vorlage: *Si uis diues fieri, non peccunie est adiciendum, sed cupiditati detrahendum. Breuissima uia ad diuitias est contemptus diuitiarum* (Mor. dogma 63,20–22). Falls *were* nicht verderbt ist (ist *wec* zu lesen?), könnte es von *were* stswm. „einer der gewährt, Gewährsmann, Bürge" oder von *were* stf. „Gewährung, Bürgschaft" kommen. Möglich ist auch, daß *w* hier für *v* steht (vgl. Anm. zu v. 110); dann könnte man *were* mit *vere, verje* swm. „Schiffer, Fährmann" bzw. mit *vere* stfn. „Fähre" verknüpfen. Sehr befriedigend ist das alles nicht. Da zu keinem dieser Wörter das Adj. *breit* paßt, wäre *breite* = *bereite* „fertig, zur Hand" zu fassen (vgl. v. 106). *daz* in v. 1072 wird man wohl nicht konsekutiv verstehen und mit *so breite* verbinden, sondern es ist eher relativ zu *were* zu ziehen.

1078 Zu *die* vgl. Anm. zu v. 498.

1083 Die Rede der *habe* hat Elmendorf selbständig aus Anregungen der Vorlage entwickelt. Vielleicht bezieht er sich hier auf den Satz: *Quantum quisque sua nummorum seruat in archa, tantum habet et fidei* (Mor. dogma 61,13–14);

dann müßte in dem unverständlichen *brute* ein Wort für *archa* „Geldkiste" stecken.

1092 *ich = icht*, vgl. Anm. zu v. 278.

1099 *nenne* für *neme* braucht kein Fehler zu sein, sondern läßt sich als md. Schreiberform erklären, vgl. die Belege bei Lexer II, 53f. und Weinhold § 218.

1107 Offenbar handelt es sich um einen von v. 1109 abhängigen Konditionalsatz: „Wenn es davon so viel gibt, wie er davon wollte . . . ".

1112 Wenn der überlieferte Text in Ordnung ist, wird man am besten mit leichtem Anakoluth konstruieren: „Horaz sagt ganz richtig – wer immer die Heiden darüber belehrt hat, der sagt . . . ". Vgl. den Vers: *ich wene, daz Oratius daz selbe scribe* (1126), der in ähnlicher Weise die Quellenberufung relativiert.

1118 Leitet *daz* hier einen Konditionalsatz ein? Die Belege bei BMZ I, 321b für diesen Gebrauch sind nicht über jeden Zweifel erhaben.

1133 Es handelt sich offenbar um einen vorangestellten Konzessivsatz: „Auch wenn wir es noch so wenig wollen . . . ". Geht man von der Bedeutung „notgedrungen, ungerne" des Adv. *nôte* aus (Lexer II, 107), so scheint die Verneinung überflüssig; aber man darf *nôte* wohl auch die allgemeinere Bedeutung „dringlich, sehr" zuschreiben, die für *genôte* gut bezeugt ist (Lexer I, 860f.).

1142 Der überlieferte Text ist sinnlos; Haupts Ergänzungen zeigen eine Möglichkeit der Besserung. Die Vorlage liefert keinen genauen Anhaltspunkt; Elmendorf überträgt aus *De praelatione*: *Quosdam precipitat subiecta potencia magne inuidie; mergit longa atque insignis honorum pagina* (Mor. dogma 64,10–12).

1153 Zu *keine* vgl. Anm. zu v. 317.

1163 *mute* könnte Konj. Präs. oder Konj. Prät. von *muoten* „haben wollen, begehren" sein; dann wäre *iz* Objekt im Gen. oder Akk. Näher liegt es, mit Textverderbnis zu rechnen und in *mute* ein Adj. zu suchen. Elmendorf überträgt hier: *Sunt enim multi non ex animo sed ex fortuna modo humiles, modo elati, iuxta illud: Profecto sic est: omnibus nobis ut res se dant, ita magni atque humiles sumus* (Mor. dogma 65,12–14). Man könnte *diemüete* lesen und verstehen: „Viele sind demütig, aber nicht aus der Güte ihres Herzens, die hochmütig wären, wenn sie genügend Besitz und Macht hätten".

1166   Es ist nicht sicher zu entscheiden, ob *stete = state* stf. oder = *stæte* stf. ist; beide werden mit *hân* gebraucht. Der Kontext scheint mir eher für *state* zu sprechen.

1167   Wenn man *sin* als Gen. des neutralen Pron. pers. ansieht, bedarf es keiner Änderung.

1169   *forten*: der Ausfall des *h* vor *t* ist in md. Texten häufig, vgl. Weinhold § 244.

1170   Der handschriftliche Text ist nur zu halten, wenn man *ich = icht* versteht (vgl. Anm. zu v. 1092) und *lichte* als Verbum faßt. Wahrscheinlich trifft Haupts Konjektur das Richtige.

1179   Zu *di* vgl. Anm. zu v. 498.

1184   Man kann mit dem überlieferten Text auskommen, wenn man *lâzen* im Sinne von „loslassen, unterlassen" versteht und *dir* als Dativ des Interesses. Wahrscheinlich ist jedoch mit Haupt *unmære* zu lesen; zur Ersparung des Inf. nach *lâzen* vgl. Anm. zu v. 810.

1186   *nimme* ist sinnlos. Die Doppelschreibung *der vmme / der nimme* (vgl. die Angabe im Hss.apparat) deutet darauf, daß die Stelle bereits in der Vorlage verderbt war. Als Besserungen bieten sich *nimmer* oder *der tumme* (vgl. v. 1193) an.

1189   Zur Konstruktion vgl. Anm. zu v. 350.

1194   Leitzmann (S. 71) versteht *erweren* = mnd. *erwâren* „bewahrheiten" (Schiller-Lübben I, 742), das aber erstens inhaltlich nicht paßt und zweitens andere Änderungen notwendig macht. Elmendorf überträgt hier: *Falsus honor iuuat et mendax infamia terret* (Mor. dogma 67,10). Dem *terrere* entspricht genau *erværen* „erschrecken", das Elmendorf mehrfach reimt (684. 757). Zur Schreibung *w* für *v* vgl. Anm. zu v. 110.

1197   Nachdem vom Ruhm die Rede war (nach dem Abschnitt *De gloria* im Mor. dogma 66,15ff.), beginnt Elmendorf v. 1197 eine Zusammenfassung, die offenbar schon auf den Schluß seines Werkes zusteuert. Dabei benutzte er den Schluß-Abschnitt der Vorlage *De conflictu honesti et utilis* (68,7ff.). Ich vermute, daß nach v. 1196 ein Einschnitt lag und daß die beiden Initialen bei v. 1191 und 1201 nicht auf Elmendorf zurückgehen.

1199   Ich vermute, daß *daz* für *dan* zu lesen ist: „Wenn du nach

Tugend strebst, kann dir niemand einen Vorwurf machen, der dein Herz bekümmert". Wenn man beim überlieferten Wortlaut bleiben will, wird man am besten *herce beswere* als Kompositum fassen, vgl. *herze-swære* stf. (Lexer I, 1275f.). Dann wäre zu verstehen: „So kann dir niemand einen Vorwurf machen, nur du selber in deinem Herzenskummer kannst das". Möglich ist auch, daß *dînes herzen* zu lesen ist oder daß *daz* nach *dan* ausgefallen ist.

WÖRTERVERZEICHNIS

In diesem Verzeichnis sind hauptsächlich solche Wörter und Wort-
bedeutungen zusammengestellt, die vom üblichen Sprachgebrauch
abweichen oder die in den Wörterbüchern schlecht belegt sind. Wör-
ter oder Belegzahlen in eckigen Klammern weisen auf Konjekturen;
ein Fragezeichen hinter einem Wort bedeutet, daß der Ansatz un-
sicher ist. „A" bzw. „B" geben an, daß ein Wort nur in einer Hs. be-
legt ist, wo die andere abweicht. Die Schreibweise der Lemmata folgt
dem Gebrauch der großen Wörterbücher. Die hs. Schreibung steht, wo
es von Interesse scheint, hinter der Belegzahl.

abe-komen *stv. m. Gen.* „*loskommen von*" *368. 850*

abe-lœsen *swv.* „*abtrennen, amputieren*" *265*

abe-tuon *an.vb.* „*wegnehmen*" *1092*

al-eine *conj. m. Ind.* „*obgleich*" *[21] . 187*

al-mit-alle *adv.* „*gänzlich*" *249*

almuosen *stn. 406*

altern [?] *sw.pl.* „*Vorfahren*" *787* alderin

ande *swm.* „*Kränkung*" *467*

ane-bringen *swv.* „*beibringen*" *1112*

ane-gân *stv.* ein dinc gât mich ane „*überfällt mich*" *319. 405*

ane-gebieten [?] *stv.* „*befehlen*" *11*

ane-sinnen *stv.* einen eines dinges a. „*etwas von ihm begehren*"
698

arc-list [A] *stf. 382*

be-gaten *swv.* „*entscheiden*" *415*

be-graben *stv.* sînen schatz b. „*eingraben, vergraben*" *60*

be-grîfen *stv.* sich b. mit „*sich einlassen auf*" *302*

be-ruofen *stv. m. Gen.* „*tadeln*" *125*

besten [?] *swv.* „*fesseln*" *798*

be-stürzen *swv.* under ein vaz b. „*setzen*" *57*

be-swære [?] *stf.* „*Bedrückung*" *1199*

be-swîchen *stv. trans.* „*betrügen*" *118. 730*

be-vâhen *stv.* mit armuote bevangen sîn „*arm sein*" *1063*

bî-spel *stn.* „*eingeschobene Erzählung, die der Belehrung dient*"
    149. 152. 606

biz *conj. 1125*

blat *stn.* „*Blatt im Buch*" *49*

bor-lanc *adv.* „*nicht sehr lange*" *1159*

bœse-wiht *stm. 929*

bôs-lîche *adv. 394. 918*

brûn *adj.* brûne ecken „*funkelnde Schwerter*" *764*

danc *stm.* mir ist ze danke „*ich habe mich zu bedanken*" *486;*
    dankes „*mutwillig, vorsätzlich*" *733*

danc-bære *adj.* „*dankenswert*" *344*

die-müetigen *swv. refl.* „*sich erniedrigen*" *14* demuteget

[dinster] *adj.* „*düster*" *313* dinter

drangen [B] *swv. refl.* „*sich drängen*" *131*

dult *stf. 843*

durft *stf.* mir ist d. „*ich brauche*" *582*

durftec *adj.* „*bedürftig*" *385. 400*

eben-rîche *adj. 288*

edelinc *stm.* „*Sohn eines Vornehmen*" *912*

en-burnen *swv.* „*anzünden*" *56*

en-gân *stv. m. Gen.* „*sich entziehen*" *523* vntgan

en-glîten *stv.* ich lâze mir e. „*lasse mir entgehen*" *246*

en-trâten *stv.* „*fürchten*" *565*

ent-würken *swv.* sich e. ûz „*sich befreien aus*" *307*

er-gremen *swv.* „*erzürnen*" *644*

ermec-lich *adj.* e. gesinde „*ärmlich*" *960*

erme-lîche *adv.* e. leben „*armselig*" *289*

erne *stf.* „*Ernte*" *27*

er-væren *swv.* „*betrügen, erschrecken*" *684. 757.* [1194]

er-viln *swv.* mir ervilt m. Gen. „*mir wird zu viel*" *1106*

er-vreischen [?] *swv.* „*erfragen*" *886* er vereische

gaten *swv.* mir ist gegat „*mir ist angemessen, kommt zu*" *386*

ge-brechen *stv.* mir gebricht eines dinges „*mir geht ab, fehlt*" *699*

ge-diute *stn.* „*Ausdeutung*" *61*

ge-doln *swv.* „*geschehen lassen, zulassen*" *868*

ge-enden [?] *swv.* „*ausgehen, enden*" *842* geandin

ge-kôse *stn.* „*Rede, Geschwätz*" *141*

ge-lenden *swv. refl.* „*zum Ziel kommen*" *463*

[ge-nôsen] *swv.* „*schädigen*" *244* genose

ge-swâsheit *stf.* „*Heimlichkeit*" *136. 568. 876*

82

ge-tihte *stn.* „*Beispielerzählung*" 229 gedichte
ge-wonen *swv.* „*gewohnt sein*" 1043. 1186
grimme *adj.* „*unfreundlich*" 985
grunt *stm.* „*Fundament*" 310
guft [?] [A] *stfm.* „*Prahlerei*" 357
heiden *adj.* 21
heidenisch *adj.* 54
heres-craft *stf.* 203. 768
hîwe *swm.* „*Dienstbote*" 952. 988 hien
hôch-muot *stm.* „*Übermut*" 754 homut
hoffen *swv.* 436
hoffenunge *stf.* 350. 430
hungerec *adj.* 330
îlec-heit *stf.* „*Eiligkeit*" 302
in-ge-tüeme *stn.* „*Hausrat*" 944
in-inne *adv.* i. bringen „*gewahr werden lassen*" 457
innec-lîche *adv.* „*andächtig*" 578
kampf-slac *stm.* „*Schlag im Kampf*" 502 campslac
klaffære *stm.* „*Schwätzer*" 875 cleppere. 1053 clepphere
klagære *stm.* „*Kläger bei Gericht*" 518 clagers
klage-twanc *stm.* „*beklagenswertes Ungemach*"? 849
kranc-lich *adj.* „*gering, schlecht*" 1033 crenclich
kunt-lich *adj.* k. tuon „*bekannt machen*" 813
kurz-lîche *adv.* k. sprechen 577
laden *stv.* tugende l. „*anhäufen*" 921
lügene *stf.* „*Lüge*" 536
maz *stn.* ze mazze werden „*zum Fraß gereichen*" 222 maze
miete *swf.* „*Bestechung*" 1002
miltec-heit *stf.* 293. 301
misse-lich *adj.* „*ungewiß*" 905. 1148 mislich
misse-træsten *swv. refl.* „*untröstlich sein*" 1073
müedec-heit *stf.* „*Müdigkeit*" 769 mudekeit
müedinc *stm.* „*böser Mensch*" 1105 mudinc
niergen *adv.* „*nirgend*" 570
nôsen *swv.* „*schaden*" 603
nôte *adv.* „*dringlich, sehr*" 1133
nôt-lich *adj.* n. er rât „*dringend, ernsthaft*" 872
offen-bære *adj.* „*sichtbar*" 1161 offinbare
pînen *swv.* umbe grôze gewalt p. „*streben nach*" 1155
queden [B] *stv.* daz quît „*das heißt*" 151
queln *stv.* „*sich quälen*" 1105
rechenære [?] *stm.* „*Rechner, Fürsorger*" 570 rehenere

rede-lîche [?] *adv.* „*geziemend, gehörig*" 559

rehte *swn.* „*Recht*" 240

reiten [?] *swv. abs.* „*zurüsten*" 756 reden

rîch-tuom *stm.* 356. 924. 1072. 1119

rihte *stf.* in r. „*sogleich*" 351

rüegære *stm.* „*Ankläger*" 529 rogeren

rûme *adv.* ze r. bûwen „*geräumig*" 943

salben *swv.* „*schmeicheln*" 140

saten *swv.* „*sättigen*" 330

schæfîn *adj.* s. gewant „*Schafskleid*" 720 scafene

schant-lîche *adv.* „*schmachvoll*" 535

schif-here *stn.* „*Flotte*" 183 schifherre

schiure *stf.* „*Scheune*" 25

schocke *stf.* „*Schaukel*" 825

site-lîche *adv.* s. varn „*auf anständige Weise umgehen*" 1014

stahel-huot *stm.* „*Helm*" 766

stechen *stv.* mit scharfen worten st. 124. einen in kumber st. 512

stiuren *swv.* sich st. an „*sich stützen auf*" 937

süez-lîche *adv.* 462

süez-lîchest *adv.* s. beswîchen 118 suzelichis

swâre *adv.* s. gezemen „*schlecht ziemen*" 933

treffen *stv.* t. ze „*gehören, passen zu*" 607

trenkære *stm.* „*Säufer*" 887

tump-lîche *adv.* „*töricht*" 586 tumphilich

tuon *an. vb.* „*machen, lassen*" m. Akk. 295. 298. 532. 890;
„*heißen*" 764; „*geben*" 399. 614; von den tagen t. 269

über-lût *adv.* „*öffentlich*" 489 obirlut. 867

über-tranc *stnm.* „*Betrunkenheit*" 889

[un-bederbe] *adj.* „*unnütz*" 472 vmme derne

under-tân *stm.* 1168

un-dige [?] *swm.* 914

un-dult *stf.* „*Ungeduld*" 853

un-ge-reht *adj.* „*nicht dem Recht gehorchend, schlecht*" 257

un-holt *adj.* „*nicht geneigt*" 854

un-rehte *swn.* „*Unrecht*" 549

un-stunde [?] *stf.* „*Unzeit*" 305

un-tæt-lîche [?] *adv.* „*schandbar*" 988 vntetliche

un-tugent *stf.* 34. 653

un-ver-wunt-lich [?] *adj.* „*unverwundbar*" 814

un-wer-haft *adj.* „*ohne Wehr*" 972

ur-liugen *swv. trans.* „*bekriegen*" 618

vast *adj.* „*fest*" 966

ver-denken *swv. trans.* „*in Verdacht haben*" *548. 803*

ver-dringen *stv. trans.* „*wegdrängen*" *249. 258*

ver-drücken *swv.* „*unterdrücken*" *741*

ver-eischen *an. vb.* „*erfahren*" *224* verheisches

ver-ermen *swv. refl.* „*sich in Armut bringen*" *357*

ver-laden *stv.* mit kumber v. werden *306.* mit einer burden
v. sîn *497*

ver-lâzen *stv.* sich v. an „*sich verlassen auf*" *214;* ich bin v. eines
dinges „*mir bleibt erspart*" *751*

ver-muoten *swv. m. Gen.* „*begehren*" *434*

ver-ræt-nisse *stn.* „*Verrat*" *119*

ver-stân *stv.* ez verstât mir „*nützt mir*" *424*

ver-trunken *adj.* v. sîn „*zu viel getrunken habend*" *476*

ver-weichen *swv.* „*schwankend machen*" *816*

ver-winnen *stv.* „*überwinden*" *216*

ver-ziehen *stv. refl.* „*sich entfernen*" *680* virzugit

vlîen *swv. refl.* „*sich bewegen, sich stellen*" *133*

volc-wîc *stn.* „*grosses Heer*" *154. 166;* „*Schlacht*" *191*

vollen *adv.* „*ganz*" *581*

vollen-bringen *swv. 2*

vordere *swm.* „*Vorfahr*" *304*

vor-var *swm.* „*Vorfahr*" *67*

vor-varn *stv.* „*vorausgehen*" *82*

vrevel *adj.* „*mutwillig, verwegen*" *731*

vrevele *stf.* „*Übermut*" *745;* mit v. leben „*übermütig sein*" *975*

vriunt-lich *adj.* under v.en gebære „*in der Haltung eines
Freundes*" *714*

vür-sehen *stv.* „*voraussehen*" *93*

vür-sprecke *swm.* „*Verteidiger, Anwalt*" *517*

vür-sprechen *stv.* „*verteidigen*" *511. 533*

vür-varn *stv.* „*vorbeigehen*" *955*

wâfen *stn.* „*Arztmesser*" *265*

walt *stf.* „*Gewalt*" *1003*

wart-man *stm.* „*Wächter*" *780*

wert *adv.* ze der rede w. treffen „*wärts*" *607*

wider-dige [?] *swm. 910*

wider-gift *stf.* „*Gegengabe*" *501*

wider-loben *swv.* „*die Rückgabe versprechen*" *609*

wider-râten *stv.* „*abraten*" *378*

wiht *stm.* bœser w. „*Übeltäter*" *267*

winnen [A] *stv.* „*gewinnen*" *364*

wone *stf.* „*Gewohnheit*" *859*

wurme-lîn *stn.* *33*
zeichen *stn.* daz wâre z. „*Wahrzeichen*" *815*
zer-spalten *stv.* Part. „*mit Spalten versehen*" *883* zuspalden
zer-stân [?] *stv.* „*fehlen, mangeln*" *1070* zuste
zer-varn *stv.* „*weglaufen, auseinanderlaufen*" *988*
zücken *swv.* ze laster z. *742*
zuo-legen *swv.* trans. „*hinzulegen*" *1091*
zwâ *num.* *281* zva
zwi-valtegen *swv.* „*verdoppeln*" *352*

NAMENVERZEICHNIS

NACHWORT

Ich möchte dieses Bändchen nicht ohne ein persönliches Wort der Rechenschaft herausgehen lassen. Es ist jetzt mehr als zwanzig Jahre her, seit ich in Heidelberg mit einer Arbeit über Wernher von Elmendorf promoviert habe. Damals hatte ich versucht, den Klosterneuburger Text in einen nordmitteldeutschen Schreibdialekt zurückzuübersetzen und alle Anstöße durch Konjekturen zu beseitigen. Auf diese Weise glaubte ich einen kritischen Text der Dichtung erstellen zu können. Dieses „Heiligenstädter Original" von Elmendorfs Lehrgedicht, mit dem der jetzt vorgelegte Text kaum noch etwas gemein hat, kann im Heidelberger Dekanat verstauben und vergilben. Dagegen behalten die Untersuchungen zur Sprache des Textes und zur Abhängigkeit vom Moralium dogma philosophorum vielleicht einen gewissen Wert, bis eine bessere Arbeit sie ersetzt.

In der Zwischenzeit habe ich mich mehrfach mit den Elmendorf-Problemen beschäftigt. Zuletzt haben die auf dem Titelblatt genannten Mitarbeiter — denen ich mich wissenschaftlich und menschlich gleich eng verbunden weiß — zusammen mit mir den ganzen Text noch einmal Zeile für Zeile durchgenommen, geleitet von dem Bemühen, die handschriftliche Überlieferung zu halten, so weit sich das nur irgend vertreten ließ. Das Ergebnis dieser Arbeit muß ich allerdings alleine verantworten. Bei den Kor-

rekturen haben mir Ursula Liebertz-Grün, Ursula Peters und
Cornelia Klinger sehr wertvolle Hilfe geleistet.

Die Heidelberger Dissertation entstand unter der Leitung
von Richard Kienast, der damals über die Schwächen der
Anfängerarbeit milde hinweggesehen hat. Aber ohne ihn und
ohne das, was ich bei ihm gelernt habe, wäre auch die jetzi-
ge Ausgabe nicht zustande gekommen. Daher widme ich
dieses Bändchen voll Dankbarkeit meinem Lehrer

Richard Kienast
zum achtzigsten Geburtstag.

J. B.